AF404406

VIE POLITIQUE

DE

LOUIS - PHILIPPE - JOSEPH

D'ORLÉANS - ÉGALITÉ.

CET OUVRAGE SE TROUVE :

A   chez MM.

Amiens.. . . . . Caron-Vitet ;

Bordeaux.. . . . . Delpech, veuve Bergeret ;

Caen.. . . . . Manoury, Lecrène ;

Chartres. . . . . Poignant ;

Dieppe.. . . . . Ve Marais ;

Lille.. . . . . Vanackère ;

Lyon. . . . . Chambet fils ;

Marseille.. . . . . Marius-Olive,

Et chez les principaux libraires de France.

VIE POLITIQUE

DE

LOUIS - PHILIPPE - JOSEPH

D'ORLÉANS-ÉGALITÉ,

PREMIER PRINCE DU SANG,

ET MEMBRE DE LA CONVENTION.

> Uniquement occupé de mon *devoir*, convaincu
> que tous ceux qui ont attenté ou *attenteront*
> par la suite à la souveraineté du peuple méri-
> tent la mort, je vote pour la mort......
> (PHILIPPE ÉGALITÉ, séance du 17 janvier 1793.)

PARIS,

CHEZ HIVERT, LIBRAIRE, QUAI DES AUGUSTINS, N° 55;

DENTU, PALAIS-ROYAL,

ET CHEZ LES PRINCIPAUX LIBRAIRES DE PARIS.

1832.

IMPRIMERIE DE DAVID,

BOULEVART POISSONNIÈRE, n° 4 bis

AVANT-PROPOS.

Louis-Philippe-Joseph d'Orléans,
dit Égalité, dont j'offre au public la
vie, s'est vu accusé par une cour de
justice du plus grand crime qui puisse
déshonorer un prince ; le crime de lèze-
majesté. Il n'a répondu à cette incul-
pation que par la fuite, car c'était bien
une fuite que cette mission improvisée
qui l'a fait partir pour Londres en 1789.

Un de ses aïeux, le duc d'Orléans, régent, attaqué dans son honneur par des soupçons odieux, les repoussa du moins avec une rare énergie. Il offrit loyalement de se constituer prisonnier à la Bastille, et demanda que son procès lui fût fait en toute rigueur. D'Orléans-Égalité suivit une marche toute opposée; loin de courir au-devant de la justice, il fit jouer tous les ressorts de la corruption et de l'intrigue pour n'être pas mis en jugement. La différence de leur conduite s'explique par celle de leurs caractères. Le régent joignait à des inclinations basses, de la grandeur d'âme, du courage et du génie. Égalité ne lui ressemblait que par les vices.

Ce résumé rapide autant que fidèle,

aura l'avantage d'épargner des recherches fastidieuses au lecteur, qui trou-
vera dans un cadre resserré ce qu'on a
dit de plus positif et de plus concluant
sur un Prince honteux de l'être. J'ai eu
soin de citer mes auteurs et d'indiquer
mes sources, par là je me suis mis à
l'abri de toute poursuite, et c'est quelque chose, dans l'état où se trouve la
presse. Je me suis fait un rempart des
autorités historiques de toutes les opinions, en telle sorte qu'avant de saisir
cet ouvrage, il faudrait saisir *Mallet du
Pan*, saisir *Rivarol*, saisir *Royou*, sai-
sir *Mirabeau*, saisir *Garat*, saisir *Su-
leau*, saisir *Boucher-d'Argis*, saisir *Lacretelle*, saisir *Barnave*, enfin saisir *le
Moniteur*. Peut-être en viendra-t-on
là, mais du moins j'aurai le temps de

me reconnaître, et je pourrai préparer
ma défense.

Louis-Philippe-Joseph, duc de Chartres, naquit à Saint-Cloud, le 13 avril 1747, de Louise-Henriette de Bourbon Conti, et de Louis-Philippe d'Orléans. Sa mère passait pour avoir des mœurs déréglées, et, ce qui donnait du poids à cette accusation, c'est que le prince Louis d'Orléans, aïeul de Louis-Philippe-Joseph, refusa long-temps de le reconnaître pour son petit-fils *.

Louis-Philippe-Joseph, en entrant dans

* Histoire de la Conjuration d'Orléans, p. 3o.

1

son adolescence, annonça le goût le plus vif pour tous les genres de voluptés. La Cour de Louis XV ne lui offrait sous ce rapport que de trop funestes exemples. Ses maîtres ne parvinrent jamais à lui inspirer l'amour de l'étude ; il préféra toujours les exercices du corps à ceux de l'esprit. Il avait de la grâce et dansait bien, voilà tout ce qu'on pouvait dire de lui, sans flatterie, à l'époque de son mariage (1769) avec mademoiselle de Penthièvre.

Si quelque chose avait pu rectifier les penchans du duc de Chartres et les diriger vers le bien, c'eût été son alliance avec la maison de Penthièvre. Le prince qui portait ce nom était respecté par la France entière comme le modèle accompli de toutes les vertus. C'est de lui qu'un philantrope * dont la bienfaisance est immor-

------

* M. de Montyon.

telle , a fait ce portrait d'une ressemblance
frappante :

« Son âme est d'une trempe si peu com-
» mune, que je ne trouverai point l'ex-
» pression qu'il faudrait pour ce que je vois,
» et encore plus pour ce que je sens; tou-
» tes les vertus y sont dans un équilibre
» parfait, parce que la sagesse les contient
» toutes dans les bornes qu'elles ne peuvent
» franchir sans devenir vice ou défaut.
» Généreux sans prodigalité, pieux sans
» minutie, tendre sans faiblesse, modeste
» avec dignité; chez lui, actions, paroles,
» maintien, regard, tout est à sa place; il
» semble que rien ne pourrait être autre-
» ment.

» Ce prince m'a paru un être si diffé-
» rent des autres hommes, que pendant
» deux années j'ai plus d'une fois, je
» l'avoue, épié ses défauts pour essayer
» de consoler mon amour-propre; recher-

» che vaine, mes observations n'ont servi
» qu'à me faire mieux sentir sa supériorité,
» et je me suis dit que je ne devais pas
» aspirer à une perfection créée par la
» nature dans un de ses plus heureux mo-
» mens. »

La princesse que l'on venait d'unir au
duc de Chartres, suivait les traces d'un
si noble père; ses qualités solides la ren-
daient digne de lui. Elle se flattait qu'une
vive tendresse, une douceur inaltérable de
caractère et l'accomplissement de tous ses
devoirs de religion et de famille, rame-
neraient par la force de l'exemple un
prince trop jeune pour avoir encore des ha-
bitudes bien prises; vaine espérance! l'at-
trait du vice fut plus fort que l'influence de
la vertu.

Son beau-père seul avait quelque ascen-
dant sur lui; il lui fit comprendre la néces-
sité de suppléer par une instruction pratique

à celle qu'il n'avait pas pû acquérir dans le cours de son éducation ; il fit en 1777 le voyage de Hollande et des Pays-Bas, sous le nom du comte de Joinville, et il visita, dans la Basse-Bretagne, les mines de Poulavoine et de Plouagat. Le duc de Penthièvre, Grand - Amiral de France, désira aussi que son gendre servît dans la marine ; mais cette idée n'eut pas un résultat heureux.

Le combat d'Ouessant fut pour le duc de Chartres une source d'accusations pénibles et humiliantes ; on prétendit qu'il n'avait pas compris les signaux du comte d'Orvilliers ; que cette ignorance, augmentée par son trouble, avait mis du désordre dans les manœuvres et amené la perte de la bataille. C'est après cette malheureuse affaire que, revenu à Paris et se trouvant en société avec madame la duchesse de Fleury, sans savoir qu'elle était présente, il en fit un portrait peu flatteur. Cette dame se présenta tout-à-coup et lui dit : « Vous m'avez bien » mal traitée, Monseigneur, mais heu- » reusement vous ne vous connaissez » pas mieux en signalemens qu'en si- » gnaux. »

L'année suivante (1779), il monta dans une mongolfière, et redescendit bientôt après saisi d'une terreur panique ; tous ces traits de faiblesse d'âme faisaient le plus fâcheux effet pour sa réputation. Le peuple français pousse la légèreté jusqu'à l'insouciance ; il pardonne vîte, il pardonne trop, il pardonne tout excepté la lâcheté : le duc d'Orléans joignait à ce défaut une avarice, qui est un vice chez tout le monde et une bassesse chez un prince.

Fatigué des libelles et des épigrammes qui pleuvaient sur lui depuis le combat d'Ouessant, il chercha un prétexte pour quitter la marine, et il écrivit, en 1780, la lettre suivante à Louis XVI :

« Sire,

» Je supplie V. M. de permettre que je
» dépose dans son sein les inquiétudes et
» les chagrins dont mon cœur est vivement
» affecté. Elle n'ignore pas que je suis le
» premier prince de son sang qui ait servi
» dans la marine. Une circonstance contri-
» bua à m'y déterminer ; c'était un moyen
» distingué de lui prouver mon zèle pour
» son service. Je ne vous dissimulerai pas,
» Sire, que j'avais aussi en vue la place de
» mon beau-père * ; je la désirais, il est

---

* Monseigneur le duc de Penthièvre était,
comme on l'a dit plus haut, Grand-Amiral de
France.

» vrai, mais je tenais surtout à la mériter.

» Je m'aperçus aussitôt qu'il n'approuvait
» pas le parti que je prenais et qu'il avait
» même quelque inquiétude que je n'ob-
» tinsse la survivance de sa charge sans sa
» participation. Je l'assurai que je n'avais
» jamais eu une pareille pensée, et, pour
» ne lui laisser aucun doute, je lui promis
» de la refuser, si V. M. avait la bonté de
» me la donner.

» J'ai quatre enfans, Sire ; tout mon bien
» est substitué à l'aîné ; le sort et la fortune
» des autres dépend absolument de mon
» beau-père. Par intérêt pour mes enfans,
» par égard et par sentiment pour madame
» la duchesse de Chartres, par reconnais-
» sance de l'amitié qu'il m'a toujours témoi-
» gnée avant que je servisse dans la marine,
» je dois respecter ses volontés.

» J'ai une autre peine, Sire ; en arrivant
» à Brest, M. d'Orvilliers m'a dit qu'il ne

» croyait pas que l'armée ressortît, mais
» que ce ne serait sûrement pas avant trois
» semaines, et que je pouvais profiter de
» ce temps pour aller faire ma cour à V. M.
» Si c'est une faute, elle est de premier
» mouvement et n'a aucun rapport au ser-
» vice ; on me suppose des vues basses et
» intéressées, on a la méchanceté de sug-
» gérer à mon beau-père que je fais les
» fonctions de sa charge, que je ne lui en
» laisse que le titre, et même que je fais des
» démarches pour la lui enlever. J'ai servi
» dans l'escadre, sous les ordres d'un offi-
» cier, mon cadet, comme subordonné ; on
» m'impute toutes les fautes comme général ;
» on me rend responsable des événemens,
» et, pour accréditer ces bruits, on répand
» que V. M. m'en a témoigné son méconten-
» tement.

» D'après ce fidèle tableau, V. M. peut
» juger si mon cœur est navré et s'il a sujet

» de l'être. L'estime de mon beau-père, le
» sort de mes enfans, le bonheur de ma
» femme, ma réputation, tout est compro-
» mis. Ces puissans motifs m'autorisent à
» avoir recours à V. M., et à lui demander
» de créer pour moi la place de colonel-gé-
» néral des troupes légères. Cette grâce en
» imposerait à mes ennemis; elle prouverait
» au public que V. M. est satisfaite de ma
» conduite *, elle dissuaderait entièrement
» mon beau-père, et ferait enfin le bonheur
» de ma vie, en me procurant les moyens
» d'être utile à V. M., et de mériter les bon-

---

* En cela, Mgr. le duc d'Orléans ne voyait
pas juste, car c'est une singulière façon de
prouver à un amiral qu'on est satisfait de sa
conduite, que de lui donner à commander des
troupes de terre.

» tés dont elle aurait bien voulu m'ho-

» norer.

» De V. M., Sire,

» Le très-humble, très-obéissant et très-
» fidèle serviteur et sujet.

Louis XVI, dont toutes les pensées étaient de bonnes actions, écrivit de sa main sur l'original de la lettre qu'on vient de lire :

« Le roi, voulant donner à M. le duc de
» Chartres un témoignage distingué de sa
» satisfaction, et prouver qu'il est également
» content de son zèle et de la capacité qu'il
» a montrée pour son service, dans toutes
» les occasions, et particulièrement au com-
» bat d'Ouessant, du 27 juillet dernier,
» vient de créer pour lui la charge de co-
» lonel-général des hussards et troupes lé-
» gères, avec un régiment colonel-général,

» pour lequel Mgr. le duc de Chartres tra-
» vaillera avec S. M. * »

Ce prince avait fait, pour satisfaire ses deux goûts favoris, les femmes et les chevaux, des dépenses folles; elles s'accordaient mal avec cette parcimonie sordide, base essentielle de son caractère; mais ce contraste sera compris par ceux qui savent ce que c'est qu'un avare fastueux. Le sieur Séguin, son trésorier, lui annonça, en 1780, que le montant des rentes viagères qu'il avait constituées depuis son mariage était de huit cent mille francs, somme égale à son revenu; que son crédit se trouvant entièrement ruiné par l'abus qu'il en avait fait, il ne se présentait plus de prêteurs; que cependant l'es-

* Correspondance de Louis-Philippe-Joseph d'Orléans avec Louis XVI, etc., etc., pages 8, 9, 10, 11, 12 et 13.

pérance d'en trouver l'avait déterminé lui,
Séguin, à faire des avances de ses propres
fonds; qu'il les avait continués aussi long-
temps qu'il l'avait pu, mais que le total s'éle-
vant à onze cent mille francs, il lui était
impossible d'en faire de nouvelles; qu'il se
trouvait forcé de faire connaître à monseigneur sa cruelle position, de lui annoncer
qu'il était obligé de suspendre entièrement
son service, et de réclamer le rembourse-
ment de ce qui lui était dû. On imagine fa-
cilement combien M. le duc de Chartres dut
être atterré par cette déclaration inattendue.
Il s'empressa de consulter les hommes d'affaires les plus habiles de Paris; il n'y en eut
pas un seul qui pût lui faire une réponse
consolante. Harcelé par ses créanciers, il
était au moment de déclarer sa banqueroute,
lorsque madame de Genlis, alors gouver-
nante de ses enfans, lui conseilla de consulter son frère, le marquis Ducrest. Le

prince n'hésita pas à suivre son avis, et ce dernier justifia sa confiance, en lui créant une ressource vraiment extraordinaire. Il fut trouver au Raincy madame de Montesson, qui habitait ce château avec son mari, M. le duc d'Orléans; il lui parla de la situation déplorable du duc de Chartres, lui représenta combien il serait glorieux pour elle de contribuer à l'en tirer; il ajouta que son rôle serait d'autant plus noble en cette occasion, qu'on savait qu'elle connaissait l'éloignement que lui portait son beau-fils; enfin il obtint qu'elle demandât à M. le duc d'Orléans de donner le Palais-Royal à son fils. Après beaucoup de difficultés, il y consentit; M. Ducrest avait eu la précaution d'amener dans sa voiture M. Rouen, notaire du prince, qui avait dressé l'acte d'avance; le consentement fut signé aussitôt que donné; muni de ce titre important, M. Ducrest revint à Paris, trouva des capitalistes qui avancèrent les fonds nécessaires pour les constructions. Il s'enferma plusieurs semaines de suite avec M. Louis, architecte, pour faire les plans et devis, qui s'élevèrent à trois millions cinq cent mille francs, et qui ne furent outrepassés que de cent mille écus. Avant que les travaux ne fussent terminés, il y avait pour *douze cent mille francs* de locations. Le prince voulut récompenser M. Ducrest pour avoir réussi si promptement à lui procurer cinq millions dont il avait besoin ; celui-ci refusa les brillantes propositions qui lui furent faites ; pendant cinq ans, il fit tout ce qu'on peut attendre du zèle de l'homme d'affaires le plus dévoué, et cela sans *aucun avantage* personnel, et uniquement pour prouver son attachement à la famille des Bourbons et pour plaire à sa sœur qu'il chérissait.

Ces maisons et ces galeries, qui devinrent d'un si grand intérêt pour sa fortune, mas-

quèrent la vue du jardin à tous les proprié-
taires des rues de Richelieu, de Montpensier et de Beaujolais ; ils firent les représentations les plus vives ; mais le prince, voyant
sa fortune s'accroître, ne les écouta point ;
quelqu'un lui ayant dit alors que l'opinion
publique était prononcée contre lui, on
prétend qu'il répondit : « Et que m'importe!
» j'aime mieux un petit écu que l'opinion
» publique. »

M. le duc d'Orléans mourut à Sainte-
Assise, au mois de novembre 1785 ; le fils
devint extrêmement riche, et il se hâta de
nommer M. Ducrest son chancelier, pour
lui prouver sa reconnaissance, ou plutôt
pour prouver à sa sœur, madame de Genlis,
toute son affection.

Tant qu'il porta le nom de duc de Chartres, il fut plutôt méprisé que haï ; devenu
duc d'Orléans, il commença à se mêler des

affaires publiques dans des conciliabules secrets.

En 1787, le roi tint un lit de justice, et le
duc d'Orléans ayant adressé à Louis XVI
des paroles inconvenantes, accompagnées
d'un regard insolent, il fut exilé à Villers-
Cotterets. En y arrivant, il était dans un
état de fureur difficile à peindre contre le
roi, et surtout contre la reine; un de ses
affidés, en l'engageant à se modérer, lui di-
sait que ses transports pourraient le perdre.
« Eh bien! répondait-il avec rage, je les
» perdrai aussi. » Il suivit pourtant l'avis
de son confident, il se modéra par hy-
pocrisie; mais il garda toujours dans le
fond de son cœur le plus vif désir de ven-
geance.

Vers la fin de la même année (1787), M.
Ducrest s'étant aperçu que M. de Laclos,
auteur des *Liaisons dangereuses*, l'abbé
Sieyes et quelques autres conseillers, dont

l'intimité n'était pas moins pernicieuse, don-
naient au prince des avis qui le conduisaient
à sa perte, crut qu'il devait envoyer sa
démission, et lui écrivit la lettre suivante :

« Monseigneur,

» Je supplie V. A. S. de recevoir la dé-
» mission de ma place. J'ai été assez heu-
» reux, dans le peu de temps que je l'ai
» occupée, pour lui rendre de grands ser-
» vices, puisque j'ai augmenté ses revenus
» d'un *tiers en sus*, et monté un nouveau
» plan d'administration et de comptabilité,
» propre à remplir les vues d'ordre et d'é-
» conomie dont elle est occupée. Si je res-
» tais plus long-temps en place, loin de
» pouvoir rendre de nouveaux services à
» monseigneur, je risquerais de nuire à ses
» intérêts, puisque j'aurais lieu de craindre
» de voir rejeter les opérations que je pour-
» rais proposer. J'en avais conçu, de longue

» main, de très-importantes, où l'intérêt
» particulier de V. A. S. se trouve lié à
» l'intérêt public; j'en remettrai les maté-
» riaux à mon successeur; s'il les adopte,
» ce sera une consolation bien douce d'ima-
» giner que je vous serai encore utile après
» avoir quitté votre service.

» La résolution que je viens d'annoncer
» est irrévocable, elle est le fruit d'une
» mûre réflexion, et monseigneur doit con-
» naître assez la fermeté de mon caractère
» pour être convaincu que je persisterai
» dans un parti dicté par l'honneur.

» Je suis avec respect, etc., etc. »

M. le duc d'Orléans, après avoir vaine-
ment cherché à changer la résolution de
M. Ducrest, se décida à le remplacer, et il
demanda en ces termes l'agrément du roi.

Villers-Cotterets, le 21 décembre 1787.

» Sire,

» Je supplie V. M. de vouloir bien agréer

» le choix que j'ai fait de M. de la Touche,
» pour mon chancelier. Il m'a paru réunir
» toutes les qualités qui peuvent justifier la
» préférence que je lui donne. J'espère que
» V. M. voudra bien y donner son consen-
» tement. Je profite avec empressement,
» Sire, du devoir que je remplis, pour ex-
» primer à V. M. combien je suis sensible
» au malheur d'être dans sa disgrâce, 'qui
» me prive de la satisfaction de lui témoi-
» gner moi-même l'intérêt que je prends à
» son incommodité, et de lui donner des
» preuves de l'*inviolable* attachement que
» j'ai pour sa personne.

 » Je suis, avec un très-profond respect,

  » Sire,

  » De Votre Majesté,

  » Le très-humble, très-obéissant, très-
   » fidèle serviteur et sujet,

 » Louis-Philippe-Joseph d'Orléans. »

L'année 1789, l'une des plus mémorables de
l'histoire de France, par les événemens prodi-
gieux dont elle fut la source, donna au duc
d'Orléans l'occasion de développer les principes que la nature avait mis dans son âme
et que ses conseillers avaient fait germer. Il
assistait à cette époque à des réunion secrètes
où étaient appelés Mirabeau, l'abbé Sieyes,
Voidel, La Touche, La Clos, etc., etc.
Toutes ses démarches avaient pour but la
popularité ; ayant appris qu'un de ses se-
crétaires avait publié un ouvrage contre le
réformateur à la mode, M. Necker, il fit
venir l'écrivain et le tança vertement :
« Comment, monsieur, lui dit-il, vous vous
» permettez d'attaquer un ministre que *la*
» *nation* chérit. Allez trouver M. de La
» Touche qui réglera vos comptes, je l'en
» ai prévenu ; sortez ensuite, et que je ne
» vous revoie jamais. »

Une des mesures qui contribua le plus à

amener la révolution, fut la double repré-
sentation du tiers ; le jour où le Conseil s'y
décida, le Roi trouva dans son cabinet, au
lieu du portrait de Louis XV, son aïeul,
celui de Charles Ier. Cet emblême politique
ne le fit pas changer d'avis.

Au mois de mars 1789, on publia les instructions données par le duc d'Orléans aux
fondés de sa procuration. Il leur enjoignait
de demander aux états-généraux le divorce,
et il laissait percer le peu de cas qu'il faisait
du gouvernement de Louis XVI *.

La veille de l'ouverture des états-généraux, Louis XVI lut à ses deux frères le
discours qu'il avait composé pour cette
solennité; il dit en riant à Monsieur (depuis
Louis XVIII) « Vous êtes un puriste, vous

------

* Mémoires pour servir à l'Histoire de l'année
1789.

» corrigerez les fautes. » Monsieur trouva
en effet quelques incorrections; mais le roi,
toute réflexion faite, refusa de rien changer, disant que lorsqu'il avait écrit, il s'était
abandonné aux sentimens de son cœur.
L'ouverture eut lieu le 4 mai 1789; on
appela à son tour le bailliage de Crépy-
en-Valois. Le député du clergé était un curé
à portion congrue; le député de la noblesse
était le duc d'Orléans. Le curé voulut faire
entrer le prince avant lui, celui-ci refusa;
à peine parut-il dans la salle qu'elle retentit
d'applaudissemens et des cris de *vive mon-*
seigneur le duc d'Orléans *.

Le 28 mai les députés de la noblesse aux
états-généraux prirent l'arrêté suivant :

« La chambre de la noblesse, considérant
» que dans le moment actuel il est de son
» devoir de se rallier à la constitution, et de

---

* Numéro premier du *Moniteur* , 5 Mai 1789.

» donner l'exemple de la fermeté comme elle

» a donné la preuve de son désintéressement,

» déclare que la délibération par ordre est

» constitutive de la monarchie et qu'elle per-

» sévérera constamment dans ce principe

» conservateur du trône et de la liberté. »

Cet arrêté fut pris après six heures de débats à la majorité de 202 voix contre 16 *.

M. le duc d'Orléans protesta contre la délibération, et le 25 juin 1789 il vint avec quelques membres de la noblesse se réunir au tiers-état; sa présence excita de vifs applaudissemens **.

Le 3 juillet il fut élu président de l'assemblée à une très-grande majorité; arrivé au bureau, il dit :

« Si je croyais pouvoir bien remplir la

----

* N° 4 du *Moniteur* du mois de Mai 1789.

** N° 11 du *Moniteur* du mois de Juin 1789.

» place à laquelle vous m'avez nommé,
» je la prendrais avec transport; mais,
» Messieurs, je serais indigne de vos bon-
» tés si je l'acceptais sachant combien j'y
» suis peu propre. Trouvez donc bon que
» je la refuse, et ne voyez dans ce refus
» que la preuve indubitable que je sacrifi-
» rai toujours mon intérêt personnel à l'in-
» térêt de l'état *. »

Dès le 1er. juillet, le crime s'étendit, cir-
cula, couvrit la France. Des courriers, ex-
pédiés par le duc d'Orléans, et suivant l'expression commune, avec des instructions
données par Mirabeau et l'abbé Sieyes, parcouraient les principales routes, et partout
répandaient sur leur passage que l'on eût
à s'armer, et qu'une troupe de brigands
allait fondre sur la ville, sur le pays pour

---

* N° 13 du *Moniteur* de Juillet 1789.

tout piller et couper les bleds avant la ré-
colte. Au bout de vingt jours on comptait
déjà, grâce à cet artifice, deux millions de
gardes nationales qui se croyaient soldats *.

Le 13 du même mois, la capitale fut ensan-
glantée ; une populace égarée fit de nombreuses exécutions sans jugement ; on avait
persuadé au roi que sa présence pourrait
ramener l'ordre, il n'hésita pas à se rendre à
Paris. Après cinq heures de marche, ce
malheureux prince, engagé dans une triple
haie de cent cinquante mille hommes armés,
dont le seul cri était : *Ne criez pas vive le
roi !* monta à l'Hôtel-de-Ville, et trouva les
marches encore teintes du sang des Fles-
selles, des Berthier, des Foulon et des Lau-
nay. A son arrivée, on lui présenta une cocarde rouge, bleue et blanche, qu'on ap-

---

* Lacretelle, *Histoire de France*, tome 7, p.
128.

pela cocarde nationale : il la prit, et M. Bailly lui fit une harangue composée d'une antithèse pour le mettre au - dessus d'Henri IV, *qui avait reconquis son peuple, tandis qu'à Paris, le peuple avait reconquis son roi.* Le marquis de Lafayette *, qui avait été nommé par acclamation commandant de la milice parisienne, salua Louis XVI en cette qualité, et le roi, qui n'avait pas la liberté du refus, confirma ce choix. M. de Lafayette voulut remercier et parler au peuple ; mais n'ayant pu parvenir à se faire entendre, il se contenta de *baiser* son épée, ce que les journaux du lendemain appelèrent une *éloquence muette.*

Le Palais-Royal était le grand laboratoire des crimes ; dans ce bazard européen, étincelant de tout l'éclat du luxe, de tous les

---

* Il l'était encore à cette époque.

produits d'un travail industrieux, mais souillé par les continuelles images de la prostitution ; au milieu d'un jardin poudreux et rétréci qui n'offrait plus qu'une aride promenade, circulaient pêle-mêle des curieux, des oisifs, des escrocs, des agens de police, rarement exempts des vices qu'ils surveillent, d'imprudentes et malheureuses créatures aguerries au déshonneur... Dès que le duc d'Orléans se fut fait factieux, tout ce peuple lui appartint : il n'y eut plus de café qui ne devint une école de droit public, qui n'offrit une parodie burlesque et menaçante de l'Assemblée Nationale : l'étudiant quitta son collége, et le clerc déserta le palais pour venir apprendre l'art de la parole *.

Le feu avait pris à toutes les têtes, il ga-

---

* Lacretelle, *Histoire de France*, tome 7, p.

gna la noblesse, et dans la séance nocturne du 4 août elle frappa sur elle-même, comme ces peuples du Japon qui font consister la gloire à s'égorger en présence les uns des autres. On commença et l'on acheva en deux ou trois heures ce que l'on n'aurait pas osé attendre du progrès de deux siècles; tous les priviléges furent abolis, on ne permettait à aucun député de parler, on ne voulait qu'agir, c'était un enthousiasme qui tenait de la folie, et pour que rien ne manquât au comique de cette séance, M. de Sillery-Genlis fit l'éloge de la religion. Cette nuit fut nommée depuis, *la Nuit des Dupes* *: Le lendemain, M. le duc d'Orléans ne voulut plus être appelé que M. d'Orléans.

Depuis long-temps on avait conçu le pro-

-----

* Rivarol.

jet de forcer Louis XVI de venir habiter Paris ; un vaste complot fut ourdi pour arriver à l'exécution de ce dessein. Le 5 octobre vers midi, la Place de Grève se remplit de gardes nationales qui fondaient de tous les districts, de tous les quartiers, de toutes les rues : bientôt le commandant lui-même parut ; le peuple lui cria d'une voix féroce qu'il fallait aller à Versailles chercher le roi et la famille royale ; et comme ce commandant hésitait, on le menaça du fatal réverbère. Pâle, éperdu, sans énergie, sans dessein déterminé, il errait sur son cheval au milieu de cette foule immense qui prenait son irrésolution pour un refus. S'il eût exprimé une volonté positive, il aurait succombé héroïquement, ou il eût enchaîné la férocité des séditieux ; mais le peuple, que son instinct ne trompe jamais, vit que le commandant était né pour obéir, et il devint son maître : M. de Lafayette monta à l'Hôtel-de-Ville, demanda l'ordre d'aller à Versailles, et vingt membres de la Commune, au lieu de trois cents, lui remirent la délibération suivante : *Attendu la volonté du peuple, il est enjoint au Commandant-général de se rendre à Versailles.* Muni de cet ukase civique, il partit à la tête de vingt mille hommes et marcha contre son roi.

Pendant ce temps la séance de l'Assemblée Nationale était des plus tumultueuses. Péthion dénonça un repas donné le 1er octobre par les gardes-du-corps au régiment de Flandre, et comme on le sommait d'écrire sa dénonciation, Mirabeau, l'organe le plus actif et le plus adroit de la faction d'Orléans, instruit de l'arrivée de l'armée parisienne, se leva et dit : *Que l'on déclare que le roi seul est inviolable, et je dénoncerai aussi.* C'était indiquer clairement qu'il voulait dénoncer la reine.

Vers quatre heures l'avant-garde arriva à Versailles et se rendit à l'Assemblée; le président, M. Mounier, accompagné d'un certain nombre de dames de la halle, courut au château, et le roi fit des promesses qui calmèrent un moment l'irritation populaire ; elle ne tarda pas à se ranimer ; le même jour, à sept heures, plusieurs gardes-du-corps furent massacrés, sans opposer la moindre résistance ; le roi le leur avait défendu. A dix heures du soir, l'armée tout entière arriva aux barrières, et M. de. Lafayette qui connaissait bien ses mauvaises intentions, lui fit prêter serment de respecter les représentans (qu'on venait braver), la loi (que l'on violait), et d'obéir au roi (qu'on voulait enlever de vive force). L'Assemblée s'était déclarée en permanence : M. de Lafayette, qui avait eu avec Louis XVI un long entretien, finit par lui inspirer de la sécurité, et l'engagea à prendre du repos. Le com-

mandant-général se rendit ensuite à l'Assemblée, et donna le même conseil au Président,
qui tenait la séance depuis dix-huit heures.
Il lui dit, pour le décider, *qu'il était si certain
des dispositions pacifiques de l'armée, et qu'il
comptait tellement sur la tranquillité publique pour cette nuit, qu'il allait se coucher
lui-même.* C'est ce qui lui fit donner le sur-
nom de *général Morphée.*

Au milieu de tant de perfidies, il se ren-
contra un grand homme, ce fut la Reine. On
l'entendit pendant toute la soirée du 5 octobre, parler avec calme et dignité à tout ce
qui l'approchait, et communiquer son assurance à ceux qui ne pouvaient lui cacher
leurs alarmes. « Je sais, dit-elle, qu'on vient
» de Paris pour demander ma tête, mais
» j'ai appris de ma mère * à ne pas crain-

---

* Marie-Thérèse, reine de Hongrie.

» dre la mort, et je l'attendrai avec fermeté.»
Un officier des gardes-du-corps parlant
avec beaucoup d'amertume de ce nouvel at-
tentat des factieux, la Reine fit changer
d'objet à l'entretien, et un moment après
elle lui dit à demi-voix : « J'ai détourné la
» conversation, parce que j'ai aperçu une
» personne de la maison d'Orléans, qui s'est
» introduite ici, je ne sais comment. »

Le 6 octobre, vers six heures du matin,
les brigands, après avoir tué deux ou trois
gardes-du-corps, se précipitent au château,
en demandant à grands cris la tête de la
reine. Le garde qui était en sentinelle à sa
porte se défend héroïquement, et avant de
succomber donne l'alarme par ses cris et par
des coups redoublés à la porte de l'appartement ; Marie-Antoinette, réveillée par ses
femmes, saute hors du lit, s'enfuit en che-
mise et se réfugie dans la chambre du roi.
A peine était-elle sortie de son appartement,

qu'une bande d'assassins, armés de piques,
pénètrent jusqu'à son lit, et, selon la belle
expression du poète Delille,

Plongent le fer trompé dans la couche royale.

M. de Lafayette, au premier bruit de ce
qui se passait, s'était levé, s'était jeté sur un
cheval et avait couru au château. Jaloux
d'expier son sommeil, il aperçut quinze
gardes-du-corps que l'on allait massacrer;
il fit promettre aux grenadiers de les défendre et leur sauva la vie. Cependant le Roi
avait promis à l'armée parisienne de la
suivre; il partit en effet à midi; cette
marche funèbre dura six heures, et le Roi
arriva à l'Hôtel-de-Ville vers sept heures,
à travers les flots et les cris d'une populace
en délire, qui attendait sa proie depuis
le matin, malgré le froid et la pluie.
Tout Paris fut illuminé, comme on éclaire
un abîme.

Que faisait M. d'Orléans pendant ces deux sanglantes journées ? Il resta la veille à Passy, avec madame de Genlis, et de là il envoyait de nombreux émissaires à Versailles. Le lendemain on l'aperçut à sept heures du matin au château ; mais son apparition fut courte, il pensait aux suites, et si son but était de profiter du crime, il ne voulait pas s'en charger. Le soir, mettant le comble à tous les affronts dont le malheureux Louis XVI fut abreuvé, il osa se présenter devant lui, il se réservait pour dernier outrage.

Une anecdote, rapportée dans le *Moniteur*, jeta le jour le plus odieux sur les machinations du grand moteur, qui, pour être resté caché, n'en était pas moins connu.

Un chasseur des Trois-Evêchés, éprouvant selon toutes les vraisemblances des remords violens, se livra à un désespoir qui fit une vive impression sur tous ceux qui furent témoin de cette scène tragique. Il se

trouvait alors sur le grand escalier du château de Versailles, le front appuyé sur le
pommeau de son sabre nu; il attendait dans
cette attitude un confident et des spectateurs.
M. de Miomandre étant venu à passer, le
chasseur le saisit par le poignet gauche et
s'écria qu'il était bien malheureux. La dou-
leur la plus profonde était peinte sur sa fi-
gure; il dit qu'il n'avait besoin que de la
mort..... Des larmes et des sanglots semblaient arrêter la parole prête à s'échapper
de ses lèvres. Tout à coup il regarda autour
de lui, et se voyant seul avec cet officier,
il prononça ces mots sans aucune liaison :
*Notre bon roi...Cette brave maison du roi...Je
suis un grand gueux... Les monstres! qu'exi-
gent-ils de moi?* Qui? lui demanda M. de
Miomandre. *Ces j...f...... de commandans et
d'Orléans.* On s'assemble autour de lui, il
devient furieux et tourne contre son cœur
la pointe de son sabre. On accourt, on le

désarme, mais on ne peut l'empêcher de se
blesser. Le sang coule, sa fureur redouble,
on le transporte au corps-de-garde, et pour
couronner l'inexplicable bizarrerie de cette
histoire, ses camarades arrivent, et, furieux
apparemment de ce qu'il avait fait des révé-
lations, ils le tuent à coups de pieds, sans
qu'on leur oppose de résistance *.

Quelques jours après le 6 octobre, M. de
Lafayette crut que l'intérêt de l'état exigeait
que M. le duc d'Orléans eût une mission
pour l'Angleterre, et lui parla à peu près en
ces termes :

« Prince, toutes les marches du trône
» sont brisées, mais le trône lui-même
» existe encore à peu près entier. La
» France et le roi ont également besoin de
» la paix, et votre présence en ces lieux y

* N° 69 du Moniteur, octobre 1789.

» paraît un obstacle. Les ennemis de la pa-
» trie, qui sont aussi les vôtres, abusent de
» votre nom pour égarer la multitude et
» exciter des désordres. Il est temps de met-
» tre fin à ces troubles et à des bruits inju-
» rieux à votre gloire. Le roi vous charge
» de ses intérêts en Angleterre, et il est per-
» suadé que vous vous empresserez de ré-
» pondre à cette marque honorable de sa
» confiance et de contribuer au rétablisse-
» ment de l'ordre, en ôtant sur-le-champ
» un prétexte aux perturbateurs du repos
» public. »

M. d'Orléans crut devoir se rendre aux
instances du général ; cette résignation sur-
prit tous les partis, elle fournit une nouvelle
matière aux imputations de ses ennemis. Le
dérangement de sa fortune, qui était complet
à cette époque, accrut encore les soupçons,
et l'on s'abandonna à des conjectures de

toute espèce sur les motifs de ce départ précipité.

Mirabeau voulut s'y opposer, et **M.** d'Orléans, après avoir accepté la mission, hésita pour partir; mais **M.** de Lafayette, instruit du changement survenu dans ses dispositions, alla le trouver dans une maison particulière; il le pressa vivement, et même d'un ton assez impérieux de tenir ses engagemens *. Il s'y décida enfin : au lieu de rester à Paris pour essayer de prouver son innocence, il fit ses préparatifs de départ, et témoigna à Louis XVI *sa reconnaissance* de la mission qu'on lui donnait, par la lettre que l'on va lire.

Paris, 13 octobre 1789.

« Sire,

» Daignez agréer mes sincères et très-

---

* N° 76 du Moniteur, octobre 1789.

» respectueux remercîmens pour la mission
» particulière dont V. M. vient de me char-
» ger près du roi d'Angleterre; cette marque
» de confiance est, dans les circonstances
» présentes, le témoignage le plus flatteur
» de ses bontés pour moi, en même temps
» qu'elle fait connaître à toute la France la
» justice que V. M. rend aux sentimens de
» zèle et de dévoûment que je n'ai pas cessé
» un instant d'avoir pour sa personne, sa
» gloire et ses véritables intérêts. En exécu-
» tant ses ordres, je vais m'efforcer d'obte-
» nir la continuation de la confiance dont
» V. M. m'honore, et de conserver l'estime
» de mes compatriotes.

   » Je suis, avec le plus profond respect,

      » Sire,

     » De Votre Majesté,

   » Le très-humble, très-obéissant et très-

       » fidèle serviteur et sujet,

     » LOUIS-PHILIPPE-JOSEPH D'ORLÉANS. »

Dans la séance du 14 octobre, M. le président reçut de M. d'Orléans une lettre qui contenait une demande de passeport, et un billet de M. de Saint-Priest, ministre des affaires étrangères, annonçant que ses bureaux étaient occupés à expédier en toute hâte des instructions que M. d'Orléans devait emporter en Angleterre, pour y remplir une commission qui lui était confiée par le Roi; le passeport fut accordé sans difficulté *.

Les instructions dont parle le ministre ont depuis été rendues publiques et les circonstances leur donnent un intérêt particulier par le rapprochement.

« Les recherches de Mgr. le duc d'Or-
» léans **ne devront point se borner aux dis-

---

* Moniteur du 15 octobre 1789.

** Le ministre du Roi lui conservait son titre.

» positions que la Cour de Londres peut
» avoir à notre égard, elles porteront aussi
» sur un autre objet qui intéresse la France
» comme toutes les autres puissances de
» l'Europe; il s'agit des Pays - Bas autri-
» chiens.

» *Mgr. le duc d'Orléans n'ignore pas la*
» *fermentation extrême qui règne dans les*
» *provinces belgiques, l'esprit d'insurrection*
» *qui s'est manifesté parmi ses habitans, et les*
» *dispositions où ils paraissent être de se sous-*
» *traire à l'obéissance de l'Empereur.*

» *Si les provinces belgiques doivent chan-*
» *ger de domination, le Roi aimera de préfé-*
» *rence qu'elles aient un souverain particulier,*
» *mais la difficulté sera dans le choix. Mgr.*
» *le duc d'Orléans concevra de lui-même que*
» *le roi doit désirer y influer et qu'il importe à*
» *S. M. que le prince sur qui il tombera lui*
» *soit agréable. Mgr. le duc d'Orléans sentira*
» *d'autant plus combien cette matière est dé-*

» licate et combien elle exigera de dextérité
» de sa part, que d'un côté les vues que la
» cour de Londres pourra manifester, déter-
» mineront ou l'opposition du Roi ou son as-
» sentiment, et de l'autre qu'il est possible
» que le résultat tourne à l'avantage personnel
» de Mgr. le duc d'Orléans *. »

Cette mission, qui ressemblait à une fuite, et que le diplomate improvisé acceptait au moment où le cri public l'accusait d'un horrible complot, est peut-être ce qui a donné le plus de consistance aux attaques dirigées contre lui ; c'est du moins ce que pense un écrivain qui a pris une part active à la révolution.

---

* Correspondance de Louis-Philippe-Joseph d'Orléans avec Louis XVI, etc., etc., pages 41, 42 et 43. Paris, 1800.

S'il y a eu dans toute la révolution un intervalle de temps durant lequel la conspiration d'Orléans a eu quelque réalité, c'est depuis la fameuse séance royale; depuis le 23 juin et le 14 juillet jusqu'au moment où après les 5 et 6 octobre, d'Orléans quitta son poste à l'Assemblée constituante pour s'exiler complaisamment en Angleterre. L'insurrection du 14 juillet, qui éclata dans les jardins de son palais; les conférences fréquentes de jour et de nuit que lui ou les siens avaient à cette époque avec Mirabeau; la clameur de haro qui le poursuivit si obstinément en lui demandant compte du sang versé dans les cours, sur les escaliers et dans les appartemens de Versailles, cette facilité inouïe et cruellement incompréhensible avec laquelle il consentit à mettre la Manche entre lui et ses accusateurs; ces circonstances et plusieurs autres semblent appeler sur sa mémoire les arrêts de la

justice des nations, autant que les impréca-
tions de la haine des rois.

Quel est l'écrivain qui fait entendre ce
langage austère ? Serait-ce Durosoy, Mallet
du Pan, Montjoie, ou quelque autre écrivain royaliste ? Non, c'est un des avocats
les plus éloquens de la révolution, c'est celui qui est venu au Temple pour signifier à
Louis XVI sa sentence de mort; c'est l'ancien sénateur Garat *

, M. d'Orléans s'était installé à Londres
comme s'il avait dû y passer sa vie; il avait
acheté un très-joli hôtel dans Portugal-
Street, et tout en suivant le fil des intrigues
qu'il avait ourdies à Paris, il entretenait

---

* Cet académicien, qui est presque tombé en
enfance, habite aujourd'hui Ustaritz, petit vil-
lage des Basses - Pyrénées, à trois lieues de
Bayonne.

avec le roi une correspondance assidue.
Le 31 décembre 1789, il lui écrivait :

Sire *,

« A cette époque du renouvellement de
» l'année où tous les sujets de Votre Ma-
» jesté s'empressent de lui offrir le tribut
» d'amour et de respect qui lui est dû à tant
» de titres ; je la supplie de recevoir avec
» bonté, et mon hommage respectueux, et
» mes vœux pour son bonheur et pour sa
» gloire. Je me trouve heureux que Votre
» Majesté m'ait mis à même d'y concourir
» en partie ; malgré les circonstances diffi-
» ciles qui m'environnent, je n'en aban-
» donne pas l'espoir. Je n'ai en ce moment

* Correspondance de Louis-Philippe-Joseph
d'Orléans avec Louis XVI, pages 86 et 87. Paris, 1800.

» d'autre objet que de réitérer à Votre Ma-
» jesté l'assurance de mon zèle pour son
» service, etc., etc.

Je suis, avec un profond respect,

Sire, de Votre Majesté.

Le même jour il adressa la lettre suivante
à la reine contre laquelle il nourissait la haine
la plus envenimée.

Madame,

« J'offre à Votre Majesté, au renouvel-
» lement de cette année, l'hommage res-
» pectueux des vœux que je forme pour son
» bonheur; je désire vivement qu'elle croie
» à leur sincérité, et ce désir sera accom-
» pli, si Votre Majesté veut bien me juger
» d'après ma conduite, plutôt que d'après
» les impressions que je n'ignore pas qu'on a
» cherché à lui donner. Je réclame, auprès

» de Votre Majesté, le *souvenir du passé*, il
» me donne le droit de lui répondre de l'a-
» venir, et la confiance de me reposer sur
» la justice de Votre Majesté, pour connaî-
» tre et apprécier mes sentimens et mes ac-
» tions.

Je suis, avec un profond respect,

Madame,

de Votre Majesté, etc.

En lisant ces mots : Je réclame le *souve-nir du passé*, on est d'abord tenté de croire qu'on a mal lu, et qu'il y a : *l'oubli du passé*, mais, vérification faite, il y a bien : *souvenir du passé ;* On a peine à concevoir cet excès d'audace.

Au commencement de 1790, les magis-trats du Châtelet qui avaient dépouillé tou-tes les pièces relatives aux crimes des 5 et 6 octobre, rendirent l'arrêt suivant :

4

« Attendu que MM. Louis-Philippe-Jo-
» seph d'Orléans et Mirabeau l'aîné, députés
» à l'Assemblée nationale, paraissent être
» dans le cas d'être décrétés ; nous disons
» que les expéditions de la présente infor-
» mation, ensemble de celle visée au réqui-
» sitoire du procureur du Roi, seront portées
» à l'Assemblée nationale, conformément
» au décret du 26 juin dernier, sanctionné
» par le Roi. »

L'assemblée renvoya le réquisitoire de
MM. les commissaires du Châtelet à son Comité des recherches, dont M. Voydel était
le président et M. Chabroud le secrétaire ;
c'était confier le sort des accusés à leurs
amis les plus intimes.

Cependant, les partisans de M. d'Orléans
le pressaient vivement de quitter Londres;
l'époque de la fédération qui approchait,
leur parut un excellent prétexte.

Le 6 juillet 1790, il y eut à l'Assemblée

nationale une séance très-orageuse ; la cause
de Louis-Philippe-Joseph fut plaidée avec
chaleur. M. le Vassor (ci-devant comte de
Latouche) s'exprima en ces termes : « J'ai
» demandé la parole pour vous soumettre
» des faits qui concernent M. Louis - Phi-
» lippe-Joseph de France (ci - devant duc
» d'Orléans) ; la lettre que je vais lire les
» contient, et c'est avec confiance dans la
» justice de l'Assemblée nationale que j'at-
» tends sa décision.»

M. le Vassor fit lecture d'une lettre adres-
sée par M. Louis-Philippe-Joseph de France,
dont voici la substance :

Londres, le 3 juillet 1790.

« Je vous prie, Monsieur, de mettre le
» plus promptement possible sous les yeux
» de l'Assemblée nationale les faits dont
» voici le récit : Le 25 juin j'ai écrit au Roi

» pour le prévenir que je me disposais à
» retourner à Paris; j'ai, le 29, pris congé du
» Roi d'Angleterre, et mon départ était fixé
» pour le 3 juillet; ce matin Monsieur l'am-
» bassadeur de France est venu chez moi
» et m'a présenté M. Boinville, qui s'est dit
» aide-de-camp de M. Lafayette. M. Boin-
» ville m'a dit en présence de Monsieur l'am-
» bassadeur, que M. Lafayette me conjurait
» de ne pas me rendre à Paris; que, parmi
» plusieurs motifs, le plus fort était que des
» gens mal intentionnés pourraient prendre
» mon nom pour exciter des troubles. Je
» n'ai pas dû compromettre légèrement la
» tranquillité publique; j'ai suspendu mon
» voyage, et j'espère que l'Assemblée natio-
» nale jugera quelle conduite je dois tenir.
» A l'époque de mon départ de France, M.
» Lafayette me fit, *le premier*, de la part du
» Roi, la proposition de me charger d'une
» mission pour l'étranger. J'ai établi le récit

» des faits dans un Exposé de ma conduite ;
» je vous prie, Monsieur, de le déposer sur
» le bureau de l'Assemblée nationale. Parmi
» les motifs que M. Lafayette me donna
» pour que j'acceptasse cette mission, le
» principal était que mon départ ôtant tout
» prétexte aux mal intentionnés de se servir
» de mon nom, lui, M. Lafayette, aurait
» plus de facilité pour assurer la tranquillité
» publique. J'ai accepté la mission qui m'a
» été proposée, et Paris n'a pas été plus
» tranquille ; et si les fauteurs du trouble
» ont craint d'abuser de mon nom, ils n'ont
» pas craint de m'accuser dans un grand
» nombre de libelles. Il est temps de savoir
» quels sont ces gens mal intentionnés ; il
» est temps de savoir pourquoi mon nom
» plus qu'un autre servirait de passe-port
» aux mouvemens populaires : en attendant,
» je déclare que depuis le 25 juin, mon
» opinion est que mon séjour à Londres est

» inutile à la *Nation et au Roi*; que mon de-
» voir est d'aller reprendre mes fonctions de
» député ; que *l'époque du 14 juillet, sur-*
» *tout*, me rappelle à mon poste, et que je
» persiste dans la résolution de revenir au
» sein de l'Assemblée nationale ; que si elle
» décide qu'il n'y a pas lieu à délibérer sur
» ma demande, j'en conclûrai que ce qu'a
» dit M. Boinville doit être considéré comme
» non avenu, et que rien ne s'oppose à ce
» que j'aille reprendre la place que je dois
» occuper. Je vous prie, Monsieur, après
» avoir fait connaître ces faits, de solliciter
» une délibération de l'Assemblée, au sujet
» de ma demande de rentrer en France. »

M. Lafayette prit ensuite la parole et dit :

« D'après ce qui s'est passé entre M. d'Orléans et moi, au mois d'octobre de *l'im-*
mortelle année de 1789, et que je ne me
permettrais pas de développer s'il n'en entretenait lui-même l'Assemblée, j'ai cru de-

voir à M. d'Orléans de l'informer que les mêmes raisons qui l'avaient déterminé à accepter sa mission pourraient encore subsister, et que, peut-être on abuserait de son nom pour répandre sur la tranquillité publique quelques-unes de ces alarmes que je ne partage point, mais que tout bon citoyen doit écarter d'un jour destiné à la confiance et à la félicité communes. Quant à M. Boinville, il habitait l'Angleterre depuis six mois, il était venu passer quelques jours ici, et, à son retour à Londres, il s'était chargé de dire à M. d'Orléans ce que je viens de répéter. Permettez-moi de saisir cette occasion, comme chargé par l'Assemblée de veiller dans cette circonstance à la tranquillité publique, de lui exprimer sur cet objet mon opinion personnelle. Plus je vois approcher la journée du 14 juillet, plus je me confirme dans l'idée qu'elle doit inspirer autant de sécurité que de satisfaction. Ce sentiment est, surtout, fondé sur les dispositions patriotiques de tous les citoyens, sur celui de la garde nationale parisienne, sur celui de **nos frères d'armes arrivant de toutes les parties du royaume**, et comme les amis de **la constitution** et de l'ordre public n'ont jamais **été réunis** en aussi grand nombre, **jamais nous ne serons plus forts.** »

M. Armand Gontaud (ci-devant duc de Biron), étroitement lié avec **M.** le duc d'Orléans, remplaça **M.** de Lafayette à la tribune. « Messieurs, dit-il, dans le temps d'un régime despotique et arbitraire, le soupçon seul pouvait perdre un bon citoyen, l'écarter de ses foyers et l'exiler de son pays ; la liberté ne permet pas ces excès : **M.** d'Orléans a fait beaucoup pour elle ; il est accusé depuis huit mois ; aucun de ceux qui l'accusent ne se sont fait connaître ; aucun fait n'a justifié ces accusations. Je demande que M. d'Orléans vienne rendre compte de sa conduite et prendre part à la fête nationale qui s'apprête.»

M. Duquesnoy termina cette discussion par le discours suivant : « Si tous ceux d'entre nous contre lesquels on a fait des libelles de toute espèce, on s'est permis des inculpations de tout genre, s'étaient absentés, l'Assemblée nationale serait dissoute depuis plusieurs mois. M. d'Orléans a quitté Paris parce qu'il avait une mission du Roi : quand il vous a écrit qu'il acceptait cette mission, vous n'avez pas trouvé mauvais qu'il s'absentât; lorsqu'à l'Archevêché, M. Menou a demandé qu'il fût rappelé pour rendre compte de sa conduite, vous avez décidé qu'il n'y avait pas lieu à délibérer. Vous avez jugé depuis long-temps ce que vous devez faire aujourd'hui; chaque fois qu'il a été question d'un membre absent et des motifs de son absence, vous avez demandé qu'on passât à l'ordre du jour ; je demande donc que l'on passe à l'ordre du jour. » L'Assemblée nationale adopta cette proposition.

Cette décision de l'Assemblée parut à **M.** d'Orléans une approbation tacite de son retour ; il ne fut pas arrêté par la crainte de contrarier les vues manifestées par M. Lafayette, et cinq jours après, les députés furent très-surpris, lorsque le président, après la lecture du procès-verbal, annonça que M. Louis-Philippe-Joseph de France * (ci-devant duc d'Orléans) demandait la parole pour prêter le serment civique (Il se fit un profond silence). M. Louis-Philippe-Joseph de France monta à la tribune et dit : « l'Assemblée permet-elle que je fasse quelques

* Depuis le mois de Juillet 1789, il avait encore changé de nom.

réflexions avant de prêter le serment.»(Ouï, s'écria-t-on dans toutes les parties de la salle).

« Tandis que, d'après la permission que l'Assemblée nationale m'avait donnée, et conformément au vœu du Roi, je m'étais absenté pour aller remplir en Angleterre une mission dont S. M. m'avait chargé auprès de cette Cour, vous avez décrété que chacun des Représentans de la nation prêterait individuellement le serment civique dont vous avez réglé la formule. Je me suis empressé alors de vous envoyer mon adhésion à ce serment, et je m'empresse, aujourd'hui, de le renouveler au milieu de vous. Le jour approche où la France entière va se réunir solennellement pour le même objet, et où toutes les voix ne feront entendre que des sentimens d'amour pour la patrie et pour le Roi, pour la patrie, si chère à des citoyens qui ont recouvré la liberté ; *pour le Roi, si digne par ses vertus de* régner sur un peuple libre, et d'attacher son nom à la plus grande, comme à la plus heureuse époque de la monarchie française. Ce jour, au moins, je l'espère, verra disparaître toutes les différences d'opinion et d'intérêts, désormais réunies et confondues dans l'intérêt et l'opinion publics; pour moi, qui n'ai jamais fait de vœu que pour la liberté, je ne puis que désirer et solliciter de vous le plus scrupuleux examen de mes principes et de ma conduite dans tous les temps. Je ne puis avoir le mérite d'aucun sacrifice, puisque mes vœux particuliers ont toujours prévenu ou suivi vos décrets, et depuis long-temps, je puis le dire, je portais dans mon cœur le serment que ma bouche va prononcer.

« Je jure d'être fidèle à la Nation, à la Loi et au Roi, et de maintenir de tout mon pouvoir la constitution décrétée par l'Assemblée nationale et acceptée par le Roi. »

Ce discours fut applaudi à trois différentes reprises par la très-grande majorité de la salle et par les tribunes remplies des députés de toutes les gardes nationales du royaume.

Quelques jours avant le 14 juillet, jour fixé pour la fédération, les ateliers civiques du champ de Mars furent fermés pour laisser aux ouvriers le temps de niveler le terrain, et les enfans de M. Louis-Philippe-Joseph de France se joignirent aux autres citoyens et travaillèrent comme eux au remuement des teres *.

Le motif qui avait décidé M. d'Orléans à tout braver pour revenir à Paris était évident ; il fallait qu'à tout prix il se concertât avec ses amis qui voulaient faire proclamer son innocence dans les fameuses journées des 5 et 6 octobre.

----

* *Moniteur*, 15 Juillet 1790.

Le 2 octobre 1790, le député Chabroud fit sur la procédure criminelle du Châtelet un long rapport, dont la conclusion était qu'il n'y avait lieu à suivre contre Louis-Philippe-Joseph et Mirabeau. Ce dernier prononça un discours rempli d'insolence et de dédain, qui fut applaudi avec enthousiasme.

A cette même séance, M. de Bonnay vengea noblement l'honneur des gardes-du-corps, dont l'admirable conduite, les 5 et 6 octobre, leur a acquis des droits à l'immortalité.

« La calomnie, a dit M. de Bonnay,
» n'obtient que des triomphes passagers ;
» je ne m'attendais pas que dans un rapport,
» vrai modèle de plaidoyer pour le grand
» criminel, on oserait prétendre, que le 5
» et 6 octobre les gardes-du-corps ont été
» les agresseurs ; on a voulu jeter sur eux
» les forfaits qui ont souillé le palais de nos

» Rois. Les gardes-du-corps qui ont com-
» battu pour la patrie et qui l'ont quel-
» que fois sauvée, n'ont jamais été plus
» braves que le jour où ils ont laissé en-
» chaîner leur valeur; que le jour où, fré-
» missant de rage, ils se sont laissés immo-
» ler sur les marches du trône qu'on leur
» avait interdit de défendre; action sublime
» qui n'eût jamais de modèle. Les gardes-
» du-corps ont sauvé la Reine; ils ont sauvé
» le Roi peut-être; c'est pour cela qu'ils
» sont morts. Membre de ce corps respec-
» table, je ne relèverai pas les grossières
» calomnies qu'on a tâché d'élever jus-
» qu'à eux : je donnerai pour toute ré-
» ponse 400 ans de vertus et de courage.
» Malgré leurs détracteurs, les gardes-du-
» corps, mes frères d'armes, seront tou-
» jours, comme Bayard, sans peur et sans
» reproche. »

M. Reynaud (ci-devant Montlozier)* prit
ensuite la parole et dit : « Si l'Assemblée
» veut remettre la discussion à demain,
» j'ai un travail tout prêt, mais je ne suis
» pas en état de rassembler en ce moment
» les raisonnemens et les argumens invin-
» cibles que je trouve contre MM. d'Or-
» léans et Mirabeau. Pénétré de l'injustice
» que vous faites, je déclare que je ne suis
   pas muni de toute la force que je puis
» avoir ; que je n'apporte pas mes lumières
» et mes conseils ; il faudrait un cœur
» calme pour les dire et des hommes sages
» pour les entendre. »

Parmi les preuves nombreuses de l'intel-
ligence coupable qui avait régné entre le

---

* C'est ainsi qu'il est désigné dans le Moniteur du 4 octobre 1790. C'est le même qui a fait
tant de bruit en 1826, en dénonçant ce qu'il appelait le *parti prêtre*.

prince et le député de Provence, il faut regarder comme une des plus fortes la déposition de M. de Virieu, consignée dans la procédure criminelle des journées des 5 et 6 octobre.

« Je crois devoir rendre compte d'une
» conversation que j'ai eue avec M. le
» comte de Mirabeau le soir de la discus-
» sion qui a eu lieu dans l'Assemblée na-
» tionale, au sujet des droits de la branche
» de Bourbon régnante en Espagne, à la
» couronne de France, dans le cas de l'ex-
» tinction de la branche régnante en France.
» Comme il s'était nettement prononcé dans
» une opinion contraire à la mienne; qu'il
» paraissait appuyer avec force celle d'a-
» journer simplement la question ou de la
» décider en faveur de la maison d'Orléans,
» je crus important de chercher avec lui
» des tempéramens propres à concilier les
» esprits, sans nuire à l'intérêt national qui

» exigeait, suivant moi, qu'il fut prononcé
» sans délai, soit son ajournement à l'épo-
» que où le cas se présenterait, soit sa dé-
» cision en faveur de l'Espagne, que nous
» ne pouvions, sans le plus grand danger,
» armer contre nous, par une exclusion dé-
» cidée dans ce temps de détresse excessive,
» où la solidité de son alliance est notre
» seul appui contre les entreprises de nos
» rivaux; soit enfin l'effacement total de la
» question, comme si elle n'eût pas été
» élevée. Je crus devoir insister sur divers
» moyens de conciliation; j'appuyai parti-
» culièrement sur ce que rien ne nous en-
» gageait à nous en occuper dans un temps
» où le grand nombre des têtes existantes
» dans la famille royale et leur âge, nous
» mettaient heureusement à l'abri de crain-
» dre, de long-temps, l'ouverture de cette
» dangereuse difficulté. M. le comte de Mi-
» rabeau me répondit qu'elle n'était peut-

» être pas aussi éloignée qu'elle pouvait le
» paraître au premier coup-d'œil ; que l'é-
» tat pléthorique du roi et celui de Mon-
» sieur, qui pouvait abréger leurs jours,
» faisait à peu près dépendre la question
» de l'existence de Mgr. le Dauphin, qui
» n'était qu'un enfant. Je lui marquai mon
» étonnement de ce qu'il oubliait Mgr. le
» comte d'Artois et ses enfans, sur quoi il
» me répondit que, dans le cas où l'événe-
» ment se présenterait d'ici à un temps peu
» éloigné, il fallait avouer qu'on pouvait
» regarder M. le comte d'Artois comme fu-
» gitif, ainsi que ses enfans ; et, d'après ce
» qui s'était passé, comme à-peu-près *ex*
» *lex*, pour au moins environ dix ans. Cette
» conversation ayant eu lieu dans un cou-
» loir, derrière les colonnes, à la gauche
» du président, plusieurs députés s'appro-
» chèrent de nous à diverses reprises, et fu-
» rent à portée d'entendre une grande par-

» tie de notre conversation qui fut très-
» longue. De ce nombre sont MM. le duc
» d'Havré, le comte d'Egmont, si je ne me
» trompe, le marquis d'Ambly et le marquis
» de Fournez. Quelques jours après, me
» trouvant dans le vestibule de l'assemblée,
» qui donne sur la rue des Chantiers, j'ai
» eu une nouvelle conversation avec M. le
» comte de Mirabeau. Nous reparlâmes en-
» core de M. le duc d'Orléans et de l'appui
» qu'il me paraissait lui donner : il s'en dé-
» fendit un peu, en me soutenant qu'il avait
» trop peu de caractère et de tenue pour
» qu'on pût réellement en faire un chef de
» parti, et tenter de grandes entreprises
» par son moyen ou avec lui ; et, pour me
» donner un exemple de sa timidité, il me
» dit, avec un ton mêlé de dépit et de dé-
» dain, à-peu-près ces paroles : *Sa timidité*
» *lui a fait manquer de grands succès ; on*
» *voulait le faire lieutenant - général du*

» *royaume, il n'a tenu qu'à lui ; on lui avait*
» *fait son thème , on lui avait préparé ce*
» *qu'il avait à dire.*

La déposition de M. Lafisse , docteur en médecine , était aussi d'une grande importance. M. Lafisse rappelait qu'il avait entendu assurer « que Mirabeau devait dénon-
» cer le duc d'Orléans à l'Assemblée, pour
» faire juger sa conduite , et que cette réso-
» lution avait été prise de concert avec le
» Prince ; on ajouta, que le jour même que
» Mirabeau devait effectuer cette dénoncia-
» tion, il reçut une lettre du duc d'Orléans ;
» qu'une personne placée près dudit Mira-
» beau fut à même de la lire , et qu'elle
» contenait ces mots : *J'ai changé d'avis ;*
» *ne faites rien ; nous nous verrons ce soir.*
» Qu'après avoir lu cette lettre, Mirabeau l'a-
» vait remise à un de ses voisins, en lui di-
» sant : « *Tenez, lisez ; il est lâche comme un*

» *laquais, il ne mérite pas les peines qu'on*
» *s'est données pour lui.* »

L'Assemblée nationale, dont la résolution avait été concertée d'avance dans ses comités, se refusa à des preuves aussi évidentes, et prononça l'acquittement de Louis-Philippe-Joseph et de Mirabeau; cet arrêt ne fut pas confirmé par la France.

Les finances de Louis-Philippe-Joseph étaient fort dérangées, il fallait absolument *battre monnaie.* Au mois de janvier 1791, M. Camus proposa à l'Assemblée un décret ainsi conçu :

L'Assemblée nationale décrète que la créance de quatre millions cent cinquante huit mille huit cent cinquante livres, montant de la dot de Louise-Elisabeth d'Orléans, fille du Régent, sera remboursée au duc d'Orléans, de mois en mois, en quatre paiemens égaux, à compter du 1er janvier 1791.

M. Martineau fit remarquer que si mademoiselle d'Orléans avait eu des enfans de son mariage avec le prince des Asturies, et que ces enfans se présentassent pour recevoir le paiement de la dot, il n'y aurait pas même à délibérer, ils mériteraient toute la faveur due à la foi d'un contrat de mariage ; mais qui est-ce qui se présente aujourd'hui pour recevoir le paiement de cette dot ? C'est l'héritier de celui en faveur de qui mademoiselle d'Orléans, dotée par la nation, a renoncé à la succession paternelle et maternelle, c'est-à-dire, que celui qui a la chose voudrait encore en avoir le prix. L'Assemblée nationale, frappée des raisons alléguées par M. Martineau, ordonna le renvoi au bureau de liquidation, et plus tard elle décida que la question serait résolue par la prochaine législature.

La situation de Louis XVI devenait de plus en plus cruelle : on venait de se porter aux plus ignobles excès sur la personne de ce malheureux prince, qui n'avait pû obtenir la permission d'aller dîner à Saint-Cloud, le 18 avril 1791. Monseigneur le duc de Penthièvre, indigné de ces mouvemens révolutionnaires, s'écria : « On ne » peut plus habiter un pays semblable, » je partirai et j'emmènerai ma fille. » Le lendemain, 19 avril, madame la duchesse d'Orléans reçut la signification suivante :

» L'an 1791, le 19 avril, à la requête de » monseigneur Louis - Philippe - Joseph , » prince français, demeurant à Paris , au » Palais-Royal, paroisse Saint-Augustin , » où il fait élection de domicile, j'ai, etc., » signifié et déclaré à madame Louise-Ma- » rie-Adélaïde, épouse du sieur requérant, » au domicile par elle élu à Paris, chez » M⁰ Borde, homme de loi, rue, etc., » qu'ayant appris que monseigneur Louis- » Jean-Marie de Penthièvre se dispose à

» s'absenter du royaume, le prince requé-
» rant s'oppose à ce que madame Louise-
» Marie-Adélaïde, son épouse, sorte de
» France; l'invite, et lui fait même autant
» que de besoin, sommation de se rendre
» à son véritable domicile, à Paris, au
» Palais-Royal, dans les appartemens qu'elle
» y a précédemment occupés, offrant de
» la recevoir avec tous les égards *qu'il a*
» *toujours eus pour elle*; sinon, et faute de
» satisfaire à la présente sommation, j'ai,
» pour le prince requérant, fait toutes ré-
» serves et protestations de se pourvoir
» par les voies de droit pour l'y contrain-
» dre, etc. »

Fatigué de l'esclavage dans lequel on osait le retenir, l'infortuné Louis XVI résolut de se rendre à Montmédi, pour aviser librement aux mesures que le salut de la France paraî-trait exiger.

Le 21 juin 1791, la capitale apprit, à huit

heures du matin, que la famille royale était partie, et elle eut ses trois journées, comme nous avons eu les nôtres en juillet 1830. Le tocsin sonna l'alarme; l'assemblée déclara qu'elle siégerait sans désemparer, et elle engagea le peuple à s'armer; celui-ci n'obéit que trop bien; il s'ameuta sur les places, se répandit dans les rues, brisa toutes les lanternes, et fit effacer sur les boutiques et les administrations tout ce qui portait l'empreinte de la royauté. Un aubergiste, dont l'enseigne portait *au tigre royal*, la remplaça par ces mots : *au tigre national.*

Cependant les murs étaient couverts de placards et d'affiches; chacun proposait sa forme de gouvernement : les uns voulaient un régent, et les autres une république. Un parti très-puissant portait au trône Louis-Philippe-Joseph; un grand nombre de députés lui proposaient la couronne, quoique, dans le cas même de l'abdication de Louis

XVI, elle revint de droit au jeune Dauphin.
Il faut lui rendre au moins cette justice,
qu'il refusa constamment et avec énergie,
les offres qui lui furent faites. Ce fut en vain
qu'on lui représenta que le trône était vacant,
que l'anarchie était imminente, que son
acceptation seule pouvait sauver la France,
il persista dans son refus ; et un journal,
intitulé *l'Assemblée nationale*, ayant fait
entendre qu'il serait élevé à la dignité de
régent du royaume, ce prince lui adressa
la lettre suivante, dont nous garantissons
l'authenticité :

Paris, 24 juin 1791.

« Ayant lu, Monsienr, dans votre journal,
» votre opinion sur les mesures à prendre d'a-
» près le départ du roi, je dois vous répéter ce
» que j'ai dit publiquement, dès le 21 de ce
» mois, à plusieurs membres de l'Assemblée

» nationale, que je suis prêt à servir ma pa-
» trie, sur terre, sur mer, dans la carrière
» diplomatique, en un mot, dans tous les pos-
» tes qui n'exigeront que du zèle et du dé-
» voûment sans bornes au bien public ; *mais
» que s'il est question de régence, j'y renonce
» en ce moment, et pour toujours.* J'oserai dire
» qu'après avoir fait tant de sacrifices à l'in-
» térêt du peuple, il ne m'est pas permis de
» sortir de la classe de simple citoyen où je
» ne me suis placé qu'avec la ferme résolu-
» tion d'y rester toujours : l'ambition serait
» en moi une inconséquence inexcusable. Ce
» n'est point pour imposer silence à mes dé-
» tracteurs que je fais cette déclaration, je sais
» trop que mon zèle pour la liberté nationale,
» pour l'égalité qui en est la base, alimentera
» toujours leur haine contre moi. Je dédaigne
» leurs calomnies, ma conduite en prouvera
» constamment la noirceur et l'absurdité ;
» mais j'ai dû déclarer, dans cette occasion,

» mes sentimens et mes résolutions irrévoca-
» bles, afin que l'opinion publique ne s'égare
» pas dans ses calculs et ses combinaisons,
» relativement aux nouvelles mesures que
» l'on pourrait être forcé de prendre. »

J'ai l'honneur d'être , etc.

LOUIS-PHILIPPE-JOSEPH ,

Prince Français.

Le Roi, à son retour de Varennes, fut prisonnier aux Tuileries pendant trois mois entiers ; Danton et Robespierre faisaient aux Jacobius les motions les plus incendiaires. Louis-Philippe-Joseph était très-assidu aux séances, et exigeait que son fils aîné, qui avait alors dix-huit ans, l'y accompagnât. Madame la duchesse d'Orléans, effrayée de l'effet que pouvaient produire sur une jeune imagination des discours aussi émens , dont le talent des orateurs augmentait le danger, faisait à cet égard de fréquentes représentations à son mari *.

« Mon ami, lui écrivait-elle, c'est au moins » une imprudence que de permettre à un » jeune homme d'assister à des réunions où » l'on ne parvient à se faire écouter qu'en » proposant des mesures violentes. Si les » Jacobins étaient composés de députés seu-» lement, ils seraient moins dangereux, « parce qu'ils seraient connus par leur con-» duite à l'Assemblée, et que l'on pourrait » prévenir mon fils ; mais, comment le met-» tre sur ses gardes vis-à-vis les boute-feux » qui ont la majorité dans ce club, et qui » sont bien propres à égarer les principes

----

* Toutes ces observations avaient lieu par lettres, car depuis le départ de Louis-Philippe-Joseph pour l'Angleterre, la Princesse était retirée chez son père, et n'était pas revenue au Palais-Royal, *malgré la sommation par huissier.*

» d'un jeune homme de dix-huit ans. Si
» mon fils en avait vingt-cinq, comme je
» je vous l'ai dit, je ne serais pas tourmen-
» tée, parce qu'il pourrait distinguer par
» lui-même ; mais à dix-huit ans, jeté dans
» une société de ce genre, en vérité, mon
» cher ami, cela n'a pas de raison, et que ce
» soit nous, que ce soient ses parens qui,
» pour finir son éducation, l'envoient aux
» Jacobins, me paraît et paraîtra sûrement à
» tout le monde une chose inconcevable,
» et me ferait, en vérité, regretter qu'il fût
» sorti des mains de madame de Sillery. C'est
» pour qu'il apprenne à parler que vous vou-
» lez passer pardessus tous les dangers que
» vous ne pouvez pas ne pas envisager pour
» lui ; et vous me dites, mon cher ami, pour
» me faire voir ces avantages comme vous,
» qu'un *orateur anglais ne deviendrait pas*
» *fameux s'il n'avait pas appris à parler de*
» *bonne heure.* Je vous répondrai à cela

» que c'est sûrement en assistant aux séan-
» ces du Parlement, aux assises, aux plai-
» doyers, qu'il a appris cet art, et que mon
» fils aura les mêmes facilités sans aller aux
» Jacobins; qu'il suive l'Assemblée nationale
» et les séances des nouveaux tribunaux
» quand ils seront établis, et pour peu qu'il
» y ait des dispositions, il y apprendra à
» parler comme on apprend en Angleterre.»*

Toutes ces représentations furent inutiles;
M. Louis-Philippe-Joseph aurait craint que
l'absence de M. de Chartres ne fût remar-
quée aux Jacobins; il continua donc à s'y
rendre, et il y remplit même plusieurs fois
des fonctions publiques.

Dans la séance du 23 août 1791, Thou-

---

* Correspondance de Louis-Philippe-Joseph
d'Orléans avec Louis XVI, pages 193 et 194.
Paris, 1800.

ret proposa un article de la nouvelle constitution ainsi conçu :

« Les membres de la famille du Roi étant
» seuls appelés à une dignité héréditaire,
». forment une classe distinguée des autres
» citoyens, ne peuvent exercer aucun des
» droits de citoyen actif, et n'ont d'autre
» droit politique que celui de la succession
» éventuelle au trône; ils porteront le
» titre de..... »

M. Thouret fut interrompu par M. Louis-
Philippe-Joseph; qui s'exprima ainsi :

« Je n'ai qu'un mot à dire sur la seconde
» partie de l'article qui vous est proposé,
» c'est que vous l'avez rejeté directement il
» y a peu de jours. Quant à la qualité de
» citoyen actif, je demande si c'est ou non
» pour l'avantage des parens du Roi que
» l'on vous propose de les en priver. Si c'est
» pour leur avantage, un article de votre
» constitution s'y oppose formellement, et

» cet article, le voici : *Il n'y a plus pour*
» *aucune partie de la nation, ni pour au-*
» *cun individu, aucun privilége, ni exemp-*
» *tion au droit commun de tous les Français.*

» Si ce n'est pas pour l'avantage des pa-
» rens du Roi qu'on vous propose de les
» rayer de la liste des citoyens actifs, je
» soutiens que vous n'avez pas le droit de
» prononcer cette radiation. Vous avez
» déclaré citoyens français tous ceux qui
» sont nés en France d'un père français.
» Or, c'est en France et de père français
» que sont nés les individus dont il s'agit
» dans le projet de vos comités.

» Vous avez voulu qu'au moyen de con-
» ditions faciles à remplir tout homme dans
» le monde pût devenir citoyen français :
» or, je demande si les parens du Roi sont
» des hommes.

» Vous avez dit que la qualité de citoyen
» français ne pouvait se perdre que par

» une renonciation volontaire, ou par des
» condamnations qui supposent un crime;
» si donc ce n'est pas un crime pour moi
» d'être parent du Monarque, je ne peux
» perdre la qualité de citoyen français que
» par un acte libre de ma volonté.

» Et qu'on ne dise pas que je serai citoyen
» français, mais que je ne pourrai être ci-
» toyen actif; car, avant d'employer ce mi-
» sérable subterfuge, il faudrait expliquer
» comment celui-là peut être citoyen qui,
» dans aucun cas, ni à aucune condition, ne
» peut en exercer les droits.

» Il faudrait expliquer aussi par quel bi-
» zarrerie le suppléant le plus éloigné du
» Monarque ne pourrait pas être membre
» du Corps Législatif, tandis que le sup-
» pléant le plus immédiat d'un membre du
» Corps Législatif peut, sous le titre de Minis-
» tre, exercer toute l'autorité du Monarque.

» Au surplus, je ne crois pas que vos

» comités entendent priver aucun parent
» du Roi de la faculté d'opter *entre la qua-*
» *lité de citoyen français et l'expectative pro-*
» *chaine ou éloignée du trône.*

» Je conclus donc à ce que vous rejetiez
» purement et simplement l'article de vos
» comités ; mais, dans le cas où vous l'adop-
» teriez, je déclare que je déposerais sur le
» bureau *ma renonciation formelle au droit*
» *de membre de la dynastie régnante, pour*
» *m'en tenir à ceux de citoyen français. .*»

Ce discours fut accueilli par les accla-
mations de l'Assemblée et des tribunes.

M. D'andré fit remarquer que M. d'Orléans n'avait pas le droit de renoncer au
trône ni pour lui, ni pour ses enfans, ni
pour ses créanciers : ce qui produisit dans
l'Assemblée un rire inextinguible.

M. de Sillery répondit à M. d'André par
un long discours, où l'on remarquait les pas-
sages suivans : « J'ose avancer que le véri-

» table moyen de rendre la famille royale
» une caste tout-à-fait dangereuse, c'est
» d'adopter le décret que l'on vous propose.
» En effet, en écartant d'elle toute idée d'or-
» dre et de bien public, vous la dévouez à
» tous les vices produits par l'intrigue et l'oi-
» siveté, tandis qu'on peut tout en attendre,
» si l'amour de la patrie les enflamme; je-
» tez vos regards sur un des rejetons de
» cette race que l'on vous propose d'avilir.
» *La ville de Vendôme vient de lui décerner*
» *une couronne : Malheureux enfant ! sera-ce*
» *la dernière que sa race obtiendra de la Na-*
» *tion* (On applaudit). Oui, je l'affirme,
» si ce décret passait, on ne pourrait rien
» attendre de cette famille dégradée et pros-
» crite. »

L'Assemblée nationale décréta que les
membres de la famille royale jouiraient des
droits de citoyens; et, de cette manière,

Louis-Philippe-Joseph resta prince et citoyen actif.

Dans la séance du 25 août, M. Goupil demanda pourquoi les princes seraient bannis
des fonctions publiques : «pourquoi, s'écria-
» t-il, ne verrions-nous pas encore **M.** d'Or-
» léans à la tête de nos flottes. (Rires prolon-
» gés)? Pourquoi ne le verrions-nous pas en-
» core chargé d'une mission en Angleterre?
» (Les éclats de rire redoublent).Un profond
» écrivain anglais a dit que lorsque le monar-
» chisme héréditaire était établi chez une
» nation libre, la famille royale était seule
» consacrée à la liberté de toutes les autres
» familles de la Nation; et l'on croit éluder
» cette obligation par une déclaration que
» je ne qualifie pas de renonciation! Eh bien!
» qu'on apprenne de moi que cette renoncia-
» tion ne peut être faite, parce qu'on ne peut
» pas, en droit public, renoncer à un droit
» qui n'est pas ouvert. Une telle renoncia-

» tion, si elle n'était pas impossible, serait
» immorale. Si ce n'est pas une vaine chimère
» imaginée pour capter quelques minutes de
» popularité, on aurait dû ajouter : « J'ai
» reçu de la munificence de la nation des
» rentes apanagères , pour être le premier
» conseiller du trône; je renonce à mes apa-
» nages; je ne veux plus quatre millions
» pour payer mes dettes.(Rires prolongés).»

Vers la fin de 1791, Louis-Philippe-Joseph
paraissait relégué dans l'ombre; mais du sein
de la mollesse et de la débauche, il reprenait
haleine pour de nouveaux crimes. Les royalistes indignés le flétrissaient en associant
son nom à celui de Danton et de Robespierre, pour en former un exécrable trium-
virat. Danton , heureux d'être payé par le
duc d'Orléans, Robespierre, fier de ne l'être
pas, le servaient avec infidélité , car l'un et
l'autre aspiraient au pouvoir suprême. Leur
union parut se consolider à l'approche du

10 août; mais le prince fut bientôt éconduit de la place de triumvir; on ne peut nommer l'être infâme qui le remplaça *.

Les factieux avançaient toujours dans la carrière du crime; le 21 juin ils vinrent en armes au château, et firent subir à celui qu'ils appelaient leur premier commis, tous les affronts que peut inventer la scélératesse la plus raffinée; c'est ce jour-là qu'un de ces monstres, prenant madame Elisabeth pour la Reine, allait la frapper, lorsqu'il fut averti de son erreur!... « Que ne lui lais-» siez-vous croire, s'écria cette princesse » avec cette énergique bonté que le ciel avait » mise dans son âme!...» mot sublime, qui partait du cœur, noble source de toutes les grandes pensées.

---

* Lacretelle, *histoire de l'Assemblée Législative*, p. 19.

M. Lafayette, après être venu de son armée à Paris pour demander à l'Assemblée nationale la punition des auteurs de l'insurrection du 20 juin, reprit la route de Flandre sans avoir obtenu ce qu'il désirait. Sa démarche, d'abord courageuse, et bientôt suivie d'une conduite timide, replongea les gens de bien dans leur découragement. Les Jacobins triomphèrent; ils se vengèrent de la peur qu'il leur avait causée, en brûlant son effigie. Cette scène eut lieu dans le Palais-Royal; elle avait été commandée par le duc d'Orléans, qui vint la contempler et mêler sa joie à celle d'une ignoble multitude. Il se souvenait de l'exil honteux que lui avait imposé Lafayette après le 6 octobre. *

---

* Lacretelle, *histoire de l'Assemblée Législative*, p. 157.

Depuis long-temps Brissot et Gorsas dé-
nonçaient un prétendu Comité autrichien
dont ils soutenaient que la Reine Marie-Antoinette était le chef et l'appui; quelque
temps avant le 10 août, M. Ribes, royaliste
constitutionnel, député à la seconde législature, produisit un grand effet en demandant la parole pour une motion d'ordre.
« Messieurs, dit-il, je viens vous dénoncer
» ce Comité détestable qui trahit la patrie,
» et *veut monter sur le trône de France par*
» *les degrés du crime.* Pour le dérober à notre vue, ses membres l'ont appelé Comité
» Autrichien ; moi, je lui restitue son vrai
» nom, *la Faction d'Orléans.* Je dois prou-
» ver que ce Comité a formé l'horrible com-
» plot de faire massacrer le Roi, la famille
» royale et tous ceux qui veulent la consti-
« tution : pour être convaincu de ce fait, il
» suffit de connaître les fréquens voyages
» de M. d'Orléans à Londres ; il suffit de re-

» monter jusqu'à la procédure des 5 et 6 oc-
» tobre, qui renferme assez de probabilités
» pour mériter le décret d'accusation. Oui,
» je le dis hautement, M. d'Orléans est cou-
» pable d'avoir ordonné la journée du 18
» février, où le Roi et la Reine ont été si
» atrocement insultés; d'avoir employé tous
» les moyens de faire évader les brigands
» d'Avignon, et d'avoir voulu faire égorger
» le Roi, le 23 mai. »

» M. de Robespierre a dénoncé l'existence
» de ce complot à la séance des Jacobins, et
» a offert d'en donner la preuve; il s'agissait
» du plus grand des crimes, et l'Assemblée
» devait mander M. de Robespierre, afin
» qu'il lui donnât des renseignemens : pour
» réussir dans cet affreux complot, il fallut
» égarer le peuple, répandre de l'argent et
» des calomnies. M. Dumourier s'est chargé
» de la partie de l'argent; le 17 mai, il a
» retiré de la Caisse de l'Extraordinaire douze

» cent-mille francs. Cette somme servira jus-
» qu'à ce que l'emprunt que M. Larchier a
» été chargé par M. d'Orléans d'ouvrir à
» Bruxelles soit rempli : c'est alors que les
» feuillistes démagogues appellèrent le Roi
» tantôt M. Véto, tantôt M. Capet, tantôt Louis
» Sanguinola ; la Reine, la Tigresse royale,
» et la garde nationale, les assassins du
» Champ-de-Mars. Je pense que l'Assemblée
» doit inviter tous les bons citoyens à donner
» les renseignemens qu'ils ont sur cet affreux
» complot, et je conclus au décret d'accusa-
» tion contre M. Louis-Philippe-Joseph,
» Prince français. »

Cette proposition fut rejetée à une faible majorité.

Louis XVI et la famille royale étaient au Temple depuis trois semaines, lorsque les massacres des prisons eurent lieu ; quelques jours après, Louis-Philippe-Joseph, plus embarrassé que jamais de son titre de prince et du nom d'Orléans, se rendit à la Commune et témoigna le désir d'être assimilé aux autres citoyens ; en conséquence le Conseil général prit l'arrêté suivant :

1° Louis-Philippe-Joseph et sa *postérité* porteront désormais pour nom de famille, *Égalité*.

2° Le jardin connu jusqu'à présent sous le nom de Palais-Royal, portera le nom de *Jardin-Égalité* *.

3° Louis-Philippe-Joseph Égalité est autorisé à faire faire, soit sur les registres publics, soit sur les actes notariés, mention du présent arrêté.

Le 4 octobre 1792, Philippe Égalité fut nommé membre de la Convention nationale.

Le 13 du même mois, les habitans de

---

* *Moniteur*, 17 septembre 1792.

Paris allèrent aux voix pour l'élection d'un Maire; Péthion fut nommé; Philippe Égalité eut des voix : il avait pour compétiteurs Antonelle, Marat, Manuel, etc., etc.

Le 9 novembre 1792, Égalité monta à la tribune et dit : « Citoyens, j'ai demandé la parole pour vous apprendre ce que la modestie du général Dumourier lui a fait taire dans son récit sur la bataille de *Jemmapes*, qu'après avoir rallié la droite, il a marché lui-même à la tête des corps qui ont emporté successivement toutes les redoutes, la bayonnette au bout du fusil. »

Philippe Égalité se trouvait dans une situation très-pénible; comme *citoyen*, il approuvait la loi contre les émigrés; comme père, il regrettait qu'elle pesât sur sa fille, aujourd'hui Mademoiselle Adélaïde, alors âgée de quinze ans (il y en a quarante); il se décida a entretenir la Convention de ses doléances, le 21 novembre 1792 :

« Citoyens, dit-il, vous avez rendu une
» loi contre les lâches qui ont fui leur patrie
» dans le moment du danger, contre les
» conspirateurs qui sont armés pour la dé-
» truire; vous avez généralisé cette loi autant
» qu'il vous a été possible, afin que des excep-
» tions multipliées ne la rendissent pas illu-
» soire et qu'une foule de coupables ne pût
» pas échapper à sa sévérité; mais la cir-
» constance que j'ai à vous exposer est
» tellement particulière, qu'elle est, je crois,
» la seule dans ce genre. Ma fille, âgée de
» quinze ans, est passée en Angleterre au
» mois d'octobre 1791, avec la citoyenne
» Brûlart-Sillery, son institutrice, et deux
» de ses compagnes d'étude, élevées avec
» elle depuis leur enfance, dont l'une est la
» citoyenne Henriette Sercey, sa nièce,
» orpheline, et l'autre la citoyenne Paméla
» Seymour, naturalisée Française depuis
» plusieurs années; la citoyenne Brûlart-

» Sillery a fait l'éducation de tous mes
» enfans, et la manière dont ils se condui-
» sent prouve *qu'elle les a formés de bonne*
» *heure à la liberté et aux vertus républicaines*;
» la langue, anglaise est entrée dans l'édu-
» cation qu'elle a donnée à ma fille, et l'un
» des motifs de ce voyage a été de la forti-
» fier dans l'étude et surtout dans la pronon-
» ciation de cette langue; un autre motif a
» été la santé faible de cette enfant qui avait
» besoin de dissipation et de prendre les eaux
» qui lui étaient indiquées comme moyen
» très-salutaire ; un autre motif enfin , et
» ce n'était pas le moins puissant, a été de la
» soustraire *à l'influence des principes d'une*
» *femme, très-estimable ; sans doute* * , *mais*
» *dont les opinions sur les affaires présentes*
» *n'ont pas été toujours conformes aux miennes.*

---

* Madame la duchesse d'Orléans , mère de
Louis-Philippe et de Mademoiselle Adélaïde.

« Lorsque des raisons si puissantes rete-
» naient ma fille en Angleterre, son frère était
» dans les armées; je n'ai cessé d'être avec
» eux ou au milieu de vous, et je puis dire
» que moi, que mes enfans, *ne sont pas* les
» citoyens qui auraient couru le moins de
» dangers, si la cause de la liberté n'eût pas
» triomphé.

» Il est impossible, il est absurde, sous
» tous les rapports, d'envisager le voyage de
» ma fille comme une émigration; il est im-
» possisible, il est absurde de lui supposer
» l'intention la plus légère, et même la pen-
» sée d'émigrer; je sais bien que la loi se
» trouve ici sans aucune application; mais le
» plus petit doute suffit pour tourmenter un
» père. Je vous prie donc, citoyens, de calmer
» mes inquiétudes.

» Si, par impossible, je ne puis le croire,
» mais si enfin vous frappiez de la rigueur de
» la loi ma fille; quelque cruel que fût ce

» décret pour moi, les sentimens de la na-
» ture n'étoufferaient pas les devoirs du ci-
» toyen, et, en l'éloignant de sa patrie pour
» obéir à la loi, je prouverais, de nouveau,
» tout le prix que j'attache à ce titre, que
» je préfère à tout. »

La demande d'Egalité fut renvoyée au Comité de législation.

Le 7 décembre 1792, les journaux publiè-rent la lettre suivante :

LOUIS-PHILIPPE-JOSEPH ÉGALITÉ,
à ses Concitoyens.

« Plusieurs journaux affectent de publier
» que j'ai des desseins ambitieux et contraires
» à la liberté de mon pays; que, dans le cas
» où Louis XVI ne serait plus, *je suis placé*
» *derrière le rideau pour mettre mon fils ou moi*
» *à la tête du gouvernement*: je ne prendrais
» pas la peine de me défendre de pareilles in-

» culpations, si elles ne tendaient pas à jeter
» la division et la discorde, à faire naître des
» partis et à empêcher que le système d'éga-
» lité qui doit faire le bonheur des Français
» et la base de la république, ne s'établisse.
» Voici donc ma profession de foi ; elle est la
» même qu'en 1791 , dans les derniers temps
» de l'Assemblée constituante. »

Voici ce que je prononçai à la tribune :

« Je ne crois pas, Messieurs, que vos Co-
» mités privent aucun parent du Roi de la
» faculté d'opter entre la qualité de citoyen
» français et l'expectative , soit prochaine,
» soit éloignée du trône.

» Je conclus donc à ce que vous rejetiez
» purement et simplement l'article de vos
» Comités ; mais, dans le cas où vous l'adop-
» teriez, je déclare que je déposerai sur le
» bureau ma renonciation formelle aux
» droits de la dynastie régnante, pour m'en
» tenir à ceux de citoyen français.

» *Mes enfans sont prêts à signer de leur*
» *sang qu'ils sont dans les mêmes sentimens*
» *que moi.*

Signé, Louis-Philippe-Joseph Égalité.

Dans la séance du 16 décembre 1792,
Buzot monta à la tribune et dit : « Le tyran
» va bientôt n'être plus, mais sa famille
» existe ; une fortune et, surtout, des espé-
» rances encore immenses, des relations inti-
» mes avec les grands d'Angleterre ; le nom
» de *Bourbon* pour les puissances étrangè-
» res, jalouses de nous donner un maître
» pour s'assurer un allié ; celui d'*Égalité*,
» pour les Français faciles à toucher, et
» dont le choix singulier fait remarquer
» d'autant plus son objet, qu'il affecte de
» le cacher ; *des enfans qui peuvent être aisé-*
» *ment séduits par l'ambition* ; dont l'ambi-
» tion peut habilement être excitée par l'al-

» liance de quelques rois étrangers , c'en
» est trop pour que Philippe puisse exister
» sans alarme pour la liberté : s'il l'aime ,
» s'il l'a servie, qu'il achève son sacrifice, et
» nous délivre de la présence d'un descen-
» dant des Capets.

» Je demande que Philippe et ses fils ail-
» lent porter ailleurs que dans la république
» le malheur d'être nés près du trône , d'en
» avoir connu les maximes et reçu les exem-
» ples ; le malheur d'être revêtu d'un nom
» qui peut servir de ralliement à des factieux
» ou aux émissaires des puissances voisines,
» et dont l'oreille d'un homme libre ne doit
» plus être blessée. »

Ce discours produisit un tel effet, que la
Convention rendit, le même jour (16 décembre 1792), contre Philippe Egalité un
décret de bannissement, qu'elle rapporta le
19 ; la question fut ajournée après le jugement de Louis XVI.

Vers la fin de décembre 1792, la présence d'Égalité était devenue tellement insupportable, même à ses amis, que Péthion, qui avait le plus conspiré pour lui, l'engagea à quitter la France. « Ce devait être, » lui disait-il, un exil momentané; c'etait » une occasion unique de prouver son atta- » chement à sa patrie et son amour pour » la paix; on paierait toutes ses dettes; tous » ses biens lui seraient conservés; on arme- » rait un vaisseau, aux dépens de la répu- » blique, pour le transporter aux îles *..» Il refusa obstinément toutes ces propositions. Il crut qu'on lui tendait un piége, et c'etait bien réellement le conseil le plus sage que l'on ait pû lui donner; s'il l'eût suivi, s'il se fût arraché à cette tourbe de misérables

---

* Jean - Charles Voydel à ses Concitoyens. (1793)

qui le pressaient de toutes parts ; il n'eût pas couronné une vie honteuse par un crime horrible ; il n'eût pas assisté aux sanglans débats que fit naître le procès du meilleur et du plus malheureux des Rois.

Dans la séance du 15 janvier 1793, où fut agitée la grande question de l'appel au peuple, Philippe Egalité dit *non*, et s'opposa ainsi à la seule mesure qui aurait pu sauver Louis XVI.

Le 17, lorsque l'on délibérait sur la peine à infliger, et que Philippe Egalité se présenta à la tribune, un mouvement d'étonnement et d'inquiétude se manifesta dans une grande partie de l'assemblée ; loin de se déconcerter, il prononça sans aucune émotion ces abominables paroles :

« Uniquement occupé de mon devoir,
» convaincu que tous ceux qui ont attenté,
» ou attenteront par la suite à la *souverai-*

» *neté du Peuple*, mérite la mort, je vote
» pour *la mort.* »

Il retourna froidement à sa place sans
paraître s'apercevoir de la sensation qu'il
avait produite et des murmures qu'il avait
excités; il dut cependant entendre ces mots
qui furent criés avec l'accent de l'indignation : « Monstre, tu viens de prononcer ton
arrêt ; prends garde à toi! * »

Le lendemain, on mit aux voix le *sursis*,
et Philippe Egalité dit *non*; mais très-
faiblement. Un membre de la Convention
lui jeta ces paroles ironiques : « *On n'a pas
entendu; répétez.* »

Lorsqu'on annonça à l'infortuné Louis XVI
l'arrêt infâme rendu par la Convention, il
voulut connaître tous les détails de sa con-

---

* Journal de la Convention nationale, 18 janvier 1793.

damnation. Il s'informa des votes les plus importans : au nom d'Egalité, il témoigna la plus douloureuse surprise.

« M. d'Orléans! répéta-t-il plusiurs fois; » quoi! mon parent*! quoi, un petit-fils » de Henri IV! Non, je n'aurais jamais « cru qu'il pût porter si loin sa haine.... » ou sa peur, ajouta-t-il ; car déjà il tâchait d'atténuer ce crime inoui.

Ce vote horrible aliéna au duc d'Orléans plusieurs de ses partisans les plu zélés ; l'évêque Fauchet**, qui avait été long-temps au nombre de ses flatteurs, lui écrivit, le lendemain du 21 janvier, la lettre suivante :

---

* Lacretelle, Histoire de la Convention, t. 1er, p. 24.

** Révolutionnaire fanatique qui annonçait en chaire, à Saint-Roch, qu'il prêcherait la passion du Citoyen Jésus, ci-devant Christ.

« Philippe, tu as voté le supplice de Louis
» Capet; il est mort sur l'échafaud; tu jouis,
» je veux troubler ta joie par le seul moyen
» qui puisse toucher ton cœur.... Tu me
» dois douze cents livres depuis l'oraison
» funèbre que j'ai faite de ton père (1785);
» je te les demande. D'après le désir que
» tu me manifestas, je distribuai dans ta
» maison six cents exemplaires de cet ou-
» vrage, sur papier de Hollande. Les exem-
» plaires en papier commun se vendaient
» trente sols ; ceux-ci valaient dix sols de
» plus. Tu ne m'as pas offert une épingle.
» Paie-moi les cinquante louis dont tu m'es
» débiteur. Si tu ne le fais pas, j'imprime-
» rai cette lettre , et j'annoterai ton si-
» lence. »

C. FAUCHET,

Evêque du Calvados.

Paris, rue Chabanais, n° 47.

Le 22 janvier 1793, l'an 1er de la République.

Philippe Egalité répondit, le 26 janvier, quatre jours après :

« Je ne dois rien à Claude Fauchet ; mais
» je veux lui épargner les frais d'impression
» de sa plate épître, qui ne m'inspire que
» du mépris, et demander à mes concitoyens s'ils peuvent croire que Claude
» Fauchet, législateur, forcé, par une loi,
» à restitution de l'un des traitemens qu'il
» avait touchés en violant une loi antérieure ;
» si ce Claude Fauchet aurait attendu sept
» ans pour me demander douze cents francs
» que je lui aurais dûs. »

Cette courte réponse paraît avoir coûté beaucoup à composer. Philippe Egalité l'a d'abord commencée sur la lettre de Fauchet ; il l'a ensuite effacée, et une main étrangère l'a écrite, avec beaucoup de ratures, sur un papier séparé : Philppe Egalité a mis la date de sa main *.

Les Anglais, devanciers de la France dans l'horrible voie où des factieux venaient de la précipiter, n'en firent pas moins éclater leur indignation en apprenant la mort du Roi martyre ; le Prince de Galles abandonna ouvertement le parti de l'opposition ; il donna pour motif que les événemens de Paris l'obligeaient de seconder de tout son pouvoir les mesures énergiques de son gouvernement. Au moment où ce prince apprit le vote de Philippe Egalité, son ancien ami, il détacha le portrait qu'il avait de lui dans son palais de Carlton, le déchira de ses propre mains, et en jeta les lambeaux dans sa cour.

---

* Correspondance de Louis-Philippe-Joseph d'Orléans avec Louis XVI, etc., etc., pages 29. Paris, 1800.

Dans la séance du 10 mars 1793, Santerre annonça qu'il y avait des rassemblemens, et qu'on proposait pour *Roi, le citoyen Egalité*. Quelques jours après, Robespierre demanda le bannissement de la famille Capet. Lamarque défendit Philippe Egalité, et représenta qu'il avait toujours été l'ami le plus ardent de la république.

Dans la séance du 4 avril 1793, Barbaroux s'écria : « Il y a cinq mois que nous avons » dénoncé la faction d'Orléans, et pendant » cinq mois nous avons été traités de scélé- » lérats; aujourd'hui vous reconnaissez que » nous avions raison. En effet, que demande » Dumourier? le rétablissement de l'ancienne » constitution : quel est celui que l'ancienne » constitution appelle au trône? c'est d'Or- » léans. »

Egalité monta à la tribune et dit : « Le » Comité de défense générale a rendu compte » à la Convention de la demande que j'ai

« faite de l'examen de ma conduite. Si je
» suis coupable , je dois être puni, cela va
» sans dire ; si mon fils l'est, *je vois d'ici*
» *l'image de Brutus.* »

Dans la séance du 6 avril 1793, on annonça que Dumourier était passé à l'ennemi
avec Egalité le fils. Le député Labaye dit :
» J'ai reçu une lettre qui m'avertit que Phi-
» lippe Egalité le père a traversé plusieurs
» fois la ville de Séez, département de
» l'Orne, sous le nom de son intendant ; à
» la faveur de ce déguisement, il chantait ses
» louanges et sondait l'opinion publique
» pour savoir si l'on serait fâché ou bien
» aise de l'avoir pour Roi : sans doute ,
»ajoute-t-on , il en a fait autant dans tous
» les endroits de la Bretagne qu'il vient de
» parcourir. Je demande donc contre lui le
» décret d'accusation.»

Boyer - Fonfrède : « Je ne conçois pas
» comment la proscription de la famille ,

» ci-devant, et toujours royale, n'a pas
» enore été comprise par vous au nom-
» bre des mesures de tranquillité publi-
» que ; il faut faire cette loi révolution-
» naire, cette loi terrible que le salut du
» peuple commande et justifie ; les républi-
» ques ne subsistent que par les vertus. Les
» princes ne méditent et ne vivent que de
» crimes; il n'est pour eux, ni foi ni serment.
» Voyez Égalité * ; il fut comblé des fa-
» veurs de la République, il était né du sang
» de vos tyrans, et malgré cette tache d'in-
» famie, il commandait vos armées. Eh bien!
» il conspire, il fuit, il passe à l'ennemi **.
» Tandis que l'on conspirait au nord, que
» va faire cet autre Égalité *** au midi, dans

---

* Le lieutenant-général Egalité, ci-devant duc
de Chartres.

** *Moniteur* du 9 avril 1792.

*** Egalité jeune, ci-devant duc de Montpensier.

» l'armée du Var ? Citoyen, les princes, au
» moins pour les forfaits, sont tous parens ;
» conservons donc tous ces Bourbons en
» otage, et si les tyrans qu'est allé rejoindre
» Egalité, auxquels il a livré nos quatre
» collégues *, osent, au mépris du droit
» des gens, porter sur les représentans du
» peuple français un fer assassin, que tous
» ces Bourbons soient traînés au supplice ;
» que leurs têtes roulent au pied de l'écha-
» faud ; qu'ils disparaissent de la vie, comme
» la royauté a disparu de la République, et
» que la terre de la liberté n'ait plus à sup-
» porter leur exécrable existence. » (L'Assemblée entière se leva par acclamation en
criant : aux voix ! On applaudit plusieurs
minutes).

La proposition fut adoptée à l'unanimité.

---

* Camus, Quinette, Bancal et Beurnonville.

Montant : « Je fais observer à la Conven-
» tion que déjà le Comité de sûreté générale
» avait lancé un mandat d'arrêt, en vertu
» duquel Egalité fils devait être traduit à
» l'Abbaye à Paris, et mis au secret. Le dé-
» cret que vous venez de rendre en a anéanti
» l'effet contre lui; mais il peut recevoir son
» exécution dans la personne du jeune Ega-
» lité, employé dans l'armée du Var ; on
» pourrait en faire un nouvel instrument de
» conspiration.

» Je demande que ce jeune homme soit
» amené à Paris, comme ôtage. » Adopté.

Lacroix : « Je demande que les femmes et
» les enfans soient compris dans le décret. »
Adopté.

Dans la séance du 7 avril, Philippe Egalité réclama contre son arrestation, pré-
tendant qu'il n'était pas compris dans le décret, et qu'il se trouvait dans un cas particulier, comme député ; mais la Convention

passa à l'ordre du jour, motivé sur ce qu'elle avait bien entendu comprendre Louis-Philippe-Joseph Egalité dans le décret d'arrestation des Bourbons.

Dans la même séance, Guyton-Morveaux demanda, au nom du Comité de salut public, que les Bourbons fussent détenus à Vincennes.

Boyer-Fonfrède : « Il n'est plus question » de savoir si les Bourbons resteront à Pa- » ris, vous avez décidé le contraire ; votre » Comité de salut public trouve des moyens » ingénieux d'éluder votre décret ; vous le fe- » rez exécuter. Quels sont donc nos malheurs? » Eh quoi ! il n'existe pas une seule ville en » France où l'on puisse loger les Bourbons? » Vous jugerez par là, Citoyens, combien » une famille royale est embarrassante. » (On rit et on applaudit).

Quelques membres réclament la priorité pour Marseille, d'autres pour Bordeaux ; deux épreuves sont douteuses.

Un député propose la forteresse de Zizins où fut enfermé Bajazet second.

Une troisième épreuve est faite.

Le décret suivant est rendu :

La Convention décrète que les individus de la famille Bourbon seront transférés à Marseille, où ils seront mis en état d'arrestation sous la garde des citoyens et la responsabilité des corps administratifs. (Applaudissemens des tribunes).

Dans la séance du 11 avril, Marat demanda que la tête d'Egalité fils fût *mise à prix*, comme celle de Dumourier.

Le Conseil exécutif instruit la Convention que le décret qui ordonne la translation des Bourbons à Marseille a été exécuté dans la nuit du 9 au 10 avril, excepté à l'égard des prisonniers du Temple et de la citoyenne Egalité, qui est malade.

Dans la séance du 16 avril 1793, Cambon proposa le projet de décret suivant :

Art. 1er. Bourbon-Montpensier, dit Cadet, sera transféré à Marseille et y sera détenu, ainsi que les autres individus de la famille des Bourbons.

2. Le président du tribunal criminel du département des Bouches-du-Rhône interrogera les Bourbons détenus à Marseille, sur tous les faits relatifs à la conspiration ourdie contre la liberté française, et il sera envoyé au Comité de salut public une expédition de ces interrogatoires.

3. Lesdits individus de la famille des Bourbons ne pourront communiquer entre eux qu'après avoir été interrogés.

Bailleul : « Je demande que les biens de » d'Orléans soient séquestrés. » Adopté.

Dans la séance du 1er mai 1793, la Convention décréta, après avoir entendu la pétition des créanciers d'Orléans :

Art. 1er. L'agent du Trésor public surveillera, relativement à la liquidation et au paiement des dettes dudit d'Orléans, toutes les opérations qui seront faites en exécution du concordat intervenu entre lui et ses créanciers, le 9 janvier 1792.

2. L'administration des biens d'Orléans sera continuée par les mandataires de ses créanciers, unis dans la forme prescrite par le concordat.

3. Il ne pourra être statué sur aucun objet de l'administration, qu'ensuite d'une détermination prise en présence et du consentement de l'agent du Trésor public. En cas de diversité d'avis, les questions seront décidées suivant le mode fixé par l'article 10 du concordat.

4. L'agent du Trésor public adressera tous les trois mois aux commissaires de la Trésorerie, une expédition du compte rendu aux créanciers par leurs mandataires ; chaque trimestre il leur portera ses vues sur

tout ce qui peut concerner l'intérêt national dans cette administration.

5. Les scellés apposés sur les biens de d'Orléans à la diligence des corps administratifs ou muninicipaux, seront levés sans délai, à la réquisition des créanciers, en présence de l'agent du Trésor public ou de son procureur fondé.

6. A l'égard des papiers qui seront trouvés dans le domicile de d'Orléans, à Paris, et dans ses maisons du Raincy et de Mousseaux, les scellés seront levés en présence de deux commissaires de la Convention et de l'agent du Trésor public. Tous ceux relatifs à la correspondance de d'Orléans et aux affaires publiques, seront séparés et vérifiés par les commissaires, qui en rendront compte à la Convention.

Vers cette époque (mai 1793), Voidel, membre de l'Assemblée constituante et président du Comité des recherches, publia un mémoire apologétique de Louis - Philippe, d'Orléans.

Dans la séance du 3 mai, le ministre de la justice annonça que les citoyens Conti, Egalité père et ses deux fils, et la citoyenne Bourbon, étaient constitués en état d'arrestation au château Notre-Dame, à Marseille.

Rien n'est plus curieux que le récit inséré dans le *Moniteur* du 27 mai 1793, sur le voyage de Philippe Égalité, de ses fils et des autres Bourbons à Marseille : tout est précieux dans cette relation officielle.

» Les commissaires nommés pour la conduite des Bourbons étaient Laugier et Naigeon ; chaque voiture était garnie d'un Bourbon, d'un commissaire et d'un gendarme : madame Bourbon gardait le silence, Conti frissonnait, Égalité sifflait.

Vers Orgon, à quatre lieues d'Avignon, des coups de fusils furent tirés sur la voiture.

Madame Bourbon n'a pas adressé la parole à son frère pendant toute la route.

Égalité dînait avec ses fils. Aux trois quarts du chemin il a fallu que tout le monde dînât ensemble : un commissaire observa qu'Égalité disséquait la poularde, se servait, et n'abandonnait qu'un squelette à l'appétit des autres voyageurs. Ce commissaire commanda deux poulardes, et quand Égalité eut fait le partage du lion, il lui dit en refusant le plat qu'il lui offrait : « Nous » croyez-vous faits, madame votre sœur » et moi, pour manger vos restes ? Qu'on » apporte une autre poularde. » — Ici Egalité siffla.

Le 27 mai, Philippe Egalité fut transporté au *Fort-Jean;* cette translation se fit aux flambeaux; un corps d'armée de 1,200 hommes l'accompagnait. Il n'eut pas à se louer des témoignages d'estime que le peuple lui donna pendant son trajet; il fut placé dans une chambre sans aucune tenture, et il fut à même de remarquer que sur les murs de sa prison étaient des emblêmes sinistres, ouvrages des prisonniers qui l'avaient précédé dans cette forteresse. Il n'avait vue que sur la mer, encore fallait-il qu'il montât sur une chaise, et il ne l'apercevait qu'à travers des barreaux très-épais. Il paraissait vivement affecté de sa nouvelle situation.

Dans la séance du 21 juin 1793, Ruhl demanda la parole pour une motion d'ordre. « Vous avez nommé, dit-il, des commissaires pour l'examen des papiers de Philippe Egalité. Je puis vous dire d'avance que nous n'avons trouvé que très-peu de papiers, et qu'ils ne regardaient presque pas le citoyen d'Orléans, mais bien ses deux fils; il importe que ce rapport vous soit fait le plutôt possible, puisqu'une partie de la Convention est accusée de favoriser le complot d'Orléans, et de vouloir l'élever au trône où l'on dit qu'il aspire. Je déclare qu'on n'a rien trouvé qui indique que d'Orléans ait rien fait pour arriver au trône. — Dans la même séance, un secrétaire fit lecture de la lettre suivante, de Philippe Egalité, datée du *Fort-Jean*, à Marseille, le 2 juin 1793.

« Citoyens, j'attendais tranquillement ce
» que vous prononceriez à mon égard d'a-
» près l'interrogatoire que j'ai subi ; mais au
» moment où je me flattais de voir arriver
» cette décision, que la certitude de mon
» innocence me faisait desirer vivement,
» j'ai été resserré beaucoup plus, et puis
» transféré au *Fort-Jean*, où je suis depuis
» le 27 mai, dans une prison très-froide,
» sans recevoir des nouvelles de personne,
» sans personne à moi pour nous servir,
» mon fils et moi*, car on a fait repartir nos

---

* M. le duc de Montpensier.

» domestiques qui étaient venus ici avec
» un passe port de votre Comité de salut
» public, sans que j'aie pu les voir ni leur
» parler ; en attendant que vous me ren-
» diez la justice que je mérite par mon at-
» tachement sans borne à la République
» et ma conduite pendant toute la révolu-
» tion, et que vous me rendiez entièrement
» la liberté que je n'ai jamais employée et
» que je n'employerai jamais que pour ser-
» vir ma patrie, et tenir les sermens que
» je lui ai faits, je vous demande avec ins-
» tance, Citoyens, mes collègues, que
» votre décret, s'il ne m'accorde pas ma
» liberté toute entière, porte clairement la
» permission de communiquer avec les per-
» sonnes que je desirerais voir, et l'ordre
» de ne pas me renfermer dans ma prison,
» et de me laisser libre de me prome-
» ner et de prendre l'air, chose absolument
» nécessaire à ma santé, qui est fort déran-

» gée par les peines morales et physiques
» que j'ai éprouvées depuis quelques
» temps. »

L'interrogatoire de Philippee Egalité est
trop curieux pour qu'il ne soit pas consigné
comme monument historique.

*Interrogatoire et réponses de Philippe Egalité,
à Marseille, 10 mai 1793.*

D. Votre nom, Citoyen?

R. Louis-Philippe-Joseph Egalité.

D. Votre âge, Citoyen?

R. Quarante-six ans.

D. Où êtes-vous né?

R. A St.-Cloud.

D. Connaissez-vous le motif de votre arrestation?

R. Non, Citoyen; le décret de la Convention porte : pour *mesure de sûreté générale.*
Je ne sais pas autre chose.

D. Quelle avait été votre opinion sur les Etats-Généraux de 1789, qui prirent le nom d'Assemblée nationale?

R. Je pensai qu'ils devaient être Assemblée nationale.

D. Dans cette première assemblée, n'intriguâtes-vous pas pour empêcher la destruction des parlemens, du clergé et de la noblesse?

R. Non, Citoyen; je n'intriguai pas ; je n'ai jamais intrigué, et je fus un des premiers de la Chambre de la Noblesse qui se réunirent à ce qu'on appelait alors la Chambre du Tiers.

D. En octobre 1789, lorsque le peuple se porta à Versailles pour faire venir à Paris Capet et sa famille , n'aviez-vous pas formé un parti, conduit par Mirabeau , pour vous mettre sur le trône?

R. Citoyen, je n'y ai jamais pensé; je n'ai

jamais été lié personnellement avec Mirabeau.

D. Cependant, à cette époque Mirabeau
vous dit : « montez à cheval, et vous êtes Roi?

R. Je ne me le rappelle pas; il ne m'a jamais tenu de pareils propos; je ne l'aurais
pas écouté de sang-froid.

D. On assurait que vous aviez fait répan-
dre-beaucoup d'argent pour monter sur le
trône, et que vous vous serviez de l'influence de Mirabeau pour vous populariser?

R. Je nai jamais fait répandre d'argent;
je n'ai chéri et desiré que la liberté.

D. N'assistiez-vous pas à des conciliabules
où étaient les Bouillé, les Lafayette, les Mirabeau et autres qui voulaient nous as-
servir?

R. Non, citoyen, je n'ai jamais eu connaissance de ces conciliabules, et n'ai jamais assisté à aucun, d'aucune espèce.

D. N'est-ce pas vous qui suscitâtes cette

visite populaire aux Tuileries , le 20 juin 1792 , dans l'espoir qu'on se déferait de Capet et de son fils , et que vous lui succèderiez sur le trône ?

R. Non, citoyen , je n'ai jamais eu pareille penseé ; je n'étais pas à Paris dans ce temps.

D. Vous vous flattiez , cependant, à la journée du 10 août, que Capet et son fils périssant, vous seriez roi ?

R. Non, citoyen.

D. Vos voyages en Angleterre n'avaient-ils pas pour but de vous assurer de la Cour de St.-James , pour vous aider à monter sur le trône de France ?

R. Non, citoyen ; mes premiers voyages en Angleterre n'ont été faits que pour jouir de la liberté dont nous ne jouissions pas encore dans ce temps-là ; je n'ai fait le dernier , en 1789 , qu'avec une mission du Gouvernement et une permission de l'Assemblée nationale ; il n'avait pas l'objet sur lequel vous me questionnez.

D. N'avez-vous pas cabalé pour vous faire nommer représentant du peuple ?

R. Non, Citoyen ; je l'ai desiré, mais je n'ai fait aucune cabale.

D. Quelle fut votre opinion au moment de l'abolition de la royauté et sur la république une et indivisible ?

R. Je fus pour la république une et indivisible.

D. Mais vous conçûtes alors le projet d'être dictateur, ou protecteur ?

R. Non, Citoyen ; je n'ai jamais eu ce désir.

D. Quel était votre projet en envoyant vos deux fils à l'armée ?

R. Je n'ai point envoyé mes deux fils à l'armée ; ils étaient entrés dans la carrière militaire ; l'un était colonel, l'autre sous-lieutenant dans le même régiment, et ils ont poursuivi cette carrière.

D N'étiez-vous pas étroitement lié avec Dumourier?

R. Non, citoyen ; je le connaissais très-peu.

D. N'avait-il pas mené vos deux fils avec lui à l'armée pour leur attirer la bienveillance des soldats et les faire servir à ses infames trahisons ?

R. Ils étaint à l'armée avant que Dumourier y arrivât, car ils servaient déjà lorsque le maréchal de Rochambeau commandait.

D. Sans doute vous vîtes Dumourier, quand il vint de son armée à Paris, et il vous fit part des projets sinistres qu'il avait conçus ?

R. Je n'ai jamais vu Dumourier qu'une fois et l'espace de cinq minutes; il ne me fit part d'aucun projet de cette espèce, et s'il l'eut fait je ne l'aurais pas tenu secret; ce fut par hasard que je le rencontrai.

D. Ne vous dit-il pas qu'il placerait votre fils aîné duc de Brabant et de Hollande, tandis que lui, Dumourier, serait capitaine général?

R. Non, citoyen; il ne me parla pas de cela; il me dit seulement qu'il aimait beaucoup mon fils.

D. Il fallait bien que vous eûssiez quelques projets, puisque vous aviez envoyé votre fille dans une ville frontière, auprès de Dumourier, avec la famille Sillery?

R. Ma fille avait voyagé en Angleterre pour sa santé et achever son éducation dans la langue anglaise; elle était confiée depuis sa naissance, presque dès l'âge de deux ans, aux soins de la citoyenne Sillery *. Quand

---

* Madame de Genlis, morte le 31 décembre 1830, à 85 ans.

l'ambassadeur d'Angleterre en France fut rappelé, j'écrivis positivement à la citoyenne Sillery de ramener ma fille en France, ne voulant pas qu'elle pût passer pour émigrée; la citoyenne Sillery retarda son retour par différentes raisons de santé, et elle n'arriva qu'au moment où la loi sur les émigrés fut rendue. Comme cette loi ordonnait aux personnes qui avaient voyagé et qui avaient des explications à donner sur leurs voyages de sortir de France, en attendant, pour ne pas passer pour émigrée, je la fis partir pour Tournay, et elle en fit la déclaration à la commune de Paris; mais à ce moment je retirai à la citoyenne Sillery les pouvoirs que je lui avais donnés et l'autorité qu'elle avait sur ma fille. Je chargeai quelques personnes de chercher dans la Belgique une femme qui pût prendre soin d'elle, parce que je ne pouvais en ce moment en faire partir une de Paris, qui aurait été réputée émigrée si elle était sortie de France.

D. Sans doute, votre fils aîné, dans sa correspondance, vous avait instruit des projets liberticides de Dumourier?

R. Non, citoyen, il ne m'avait fait part d'aucun projet.

D. Il n'est pas possible que votre fils aîné ne vous ait pas instruit des desseins de cet infâme général, puisqu'il s'est enfui avec lui ; par conséquent, vous deviez en être instruit vous-même ; je vous interpelle de dire la vérité.

R. C'est avec la plus grande vérité que je déclare que je n'en étais nullement instruit ; si j'en avais eu le plus léger soupçon, je ne l'aurais pas tenu secret, je n'en ai eu nulle connaissance.

D. N'est-ce pas pour vous masquer que vous siégiez à la montagne de la Convention et que vous vôtates la mort du tyran, sans appel, tandis que vos partisans et vos amis étaient parmi les appelans ?

R. Je n'ai jamais eu de parti, je n'ai jamais rien fait pour me masquer; je n'ai rien fait que ce que m'a dicté ma conscience.

D. Depuis la mort du tyran, n'avez-vous pas envoyé des émissaires dans les départemens du nord, pour sonder l'opinion publique, et savoir si elle ne répugnerait pas à vous avoir pour Roi?

R. Non, citoyen, aucun.

D. On a cependant reconnu quelques-uns de vos gens qui parcouraient les départemens et qui tenaient à-peu-près ce langage.

R. Cela ne peut pas être.

D. Quelle liaison avez-vous avec Biron ?

R. Liaison d'amitié depuis trente ans; nous sommes du même âge et nés le même jour.

D. Est-ce lui qui a demandé que votre fils cadet servît auprès de lui, ou est-ce le ministre qui l'a envoyé dans l'armée d'Italie?

R. C'est mon fils cadet qui l'a demandé au ministre, après en avoir eu l'agrément et le consentement de Biron.

D. N'entrait-il pas dans vos vues que de vos deux fils, l'un se popularisât dans l'armée du nord, et l'autre dans celle du midi, pour seconder les projets liberticides de *l'infâme* Dumourier?

R. Non, citoyen; encore une fois, je n'avais aucune connaissance des projets de *l'infâme* Dumourier : c'est mon fils qui a demandé à passer dans l'armée du midi; je n'ai fait que me rendre à ses désirs, en appuyant sa demande auprès de Biron.

D. Quels étaient les membres de la Convention que vous fréquentiez assiduement?

R. Je n'en fréquentais aucun assiduement; je n'étais lié intimement avec aucun d'eux; ceux avec qui je communiquais le plus, dans la Convention, étaient ceux qui siégeaient dans le côté qu'on appelle la Montagne, parce que NOS OPINIONS NOUS RAPPROCHAIENT.

D. N'avez-vous pas fait dernièrement un voyage dans les départemens de l'Orne et du Loiret, et notamment à Orléans? Quel en était le motif?

R. Je ne me suis pas éloigné de Paris de plus de dix lieues, depuis le commencement de la Convention; j'ai très-peu manqué de séances, et jamais deux de suite; je n'ai découché de Paris que pour coucher à trois lieues, dans une terre à moi, et pour une nuit, et encore très-rare-ment.

D. Vous y avez donc envoyé quelques émissaires?

R. Personne.

D. Donnez-vous quelques motifs de la réputation *douteuse* que vous avez ?

R. Je ne croyais pas en avoir une *douteuse* parmi les patriotes.

D. Avez-vous toujours agi d'après vous-
même , ou d'après un conseil particulier ?

R. D'après moi-même, citoyen.

D. Vous nous aviez dit que vous aviez
une aversion marquée pour le trône; pourquoi ne vous êtes-vous pas attaché à vous
laver de ces inculpations, ou à les re-
pousser?

R. Fort de la pureté de ma conscience,
de mes intentions et de ma conduite, sûr
qu'elle me ferait triompher de toutes les
calomnies, je les ai toujours méprisées.

D. Brûliez-vous les lettres de votre fils,
à mesure qu'elles vous arrivaient ?

R. Quelquefois, oui, quelquefois, non.

D. Quelle est votre conduite à l'égard de

votre fils, depuis que vous avez appris qu'il trahit la Nation * ?

R. Au moment où je le soupçonnais j'ai été mis en état d'arrestation ; j'ai toujours espéré qu'il y était contraint par la force, et n'ai eu aucun moyen de rien faire.

D. Ne souffriez-vous pas, que, dans votre maison, vos gens vous flattassent de la royauté ou de la dictature ?

R. Toutes les personnes qui me connaissent connaissent aussi ma façon de penser, et elles savent que je l'aurais pris pour une injure.

D. Pourquoi êtes-vous si mal avec les parens de votre famille, qui se disent patriotes ?

R. Je ne connais point de parens de ma famille avec qui je sois mal, qui se disent patriotes.

---

* Le juge instructeur appelle trahison le départ du duc de Chartres de l'armée avec Dumourier.

D. Depuis que vous êtes en arrestation, au fort de la Vierge-de-la-Garde, n'avez-vous pas cherché à avoir communication avec quelques personnes de la cité?

R. Non, citoyen, pas d'autre que celle avec les ouvriers dont j'avais besoin.

Plus n'a été interrogé.

Certifié véritable, à Paris, 17 juin 1793, l'an second de la république une et indivisible.

Signé Charles Voidel.

Robespierre, déterminé à perdre tous ses concurrens à la tyrannie, prononça ces paroles à la tribune des Jacobins : « *Il faut que Philippe d'Orléans meure* *. » Tous les hommes dont ce prince avait tenu pendant qua-

----

* Lacretelle, *histoire de la Convention*, t. II, p. 289.

tre ans les fureurs à ses gages, répétèrent d'une voix sombre : *Qu'il meure !*

Dans la séance du 30 octobre 1793, la Convention rendit le décret suivant :

« La convention nationale accuse, comme étant prévenus de conspiration contre l'unité et l'indivisibilité de la république, contre la sûreté et la liberté du peuple français, les députés dénommés ci-après :

« Brissot, Vergniaud, Gensonné, Guadet, Duperret, Carrat, Brûlart, ci-devant marquis de Sillery, Caritat, ci-devant marquis de Condorcet, Fauchet, Doulcet, ci-devant marquis de Pontécoulant, Ducos, Boyer-Fonfrède, Mollevaux, Gardien, Dufriche-Valazé, Valady, Vallée, Duprat, Mainvielle, Delahaye, Bonnet, Chambon, Lacaze, Lidon, Fermont, Mazuyer, Savary, Lehardy, Hardy, Boileau, Rouyer, Antiboul, Lasource, Beauvais, Isnard, Duchâtel, Duval, Devérité, Bresson, Noël, Coullard, Andrée

(de la Corse), Grangeneuve, Vigée, Phi-lippe Egalité, ci-devant duc d'Orléans.

» Les dénommés dans l'article ci-dessus, seront traduits devant le tribunal révolu-tionnaire, pour y être jugés conformément à la loi. »

Philippe Égalité fut conduit à Paris, et y arriva deux jours après la mort des députés qu'on avait accusé d'être ses complices. Tra-duit devant le tribunal révolutionnaire, il avait à prononcer l'apologie la plus faite pour toucher de tels juges, les crimes du 5 octobre, ceux du 10 août et le vote du 17 janvier ; mais ces juges l'écoutèrent avec un dédain concerté, et lui-même prit peu de soin pour une défense qu'il jugeait in-utile *.

---

* Lacretelle, *histoire de la Convention*, t. II, p. 289.

Fouquier - Tinville lui fit subir un long interrogatioire assez insignifiant, dans lequel on remarqua la question et la réponse suivantes :

D. Pourquoi, dans la république, souffriez-vous que l'on vous appelât Prince ?

R. J'ai fait ce qui dépendait de moi pour l'empêcher ; *je l'avais même fait afficher à la porte de ma chambre, en observant que ceux qui me traiteraient ainsi, paieraient l'amende.*

Le President du tribunal révolutionnaire prononça son arrêt en ces termes :

Louis-Philippe-Joseph Egalité (ci-devant Orléans), âgé de 46 ans, né à St.-Cloud, près Paris, député à la Convention, ci-devant lieutenant-général des armées de terre et de mer, demeurant maison Égalité, à Paris, convaincu de conspiration contre l'unité et l'indivisibilité de la république, est comdamné à la peine de mort.

L'apathie lui tint lieu de courage : il reçut sa condamnation avec un sourire, et demanda, pour unique grâce, qu'on ne remît pas, comme c'était l'usage, son supplice au lendemain. Qu'aurait-il fait de ses souvenirs, pendant vingt-quatre heures ? Cette grâce lui fut accordée. On l'exécuta le même jour, 7 novembre, onze mois après l'infortuné Louis XVI, trois semaines après Marie-Antoinette d'Autriche.

Il prit son dernier repas avec sensualité.

La foule, augmentée cette fois de quelques royalistes, se pressa sur son passage. Malgré les efforts qu'il faisait pour jouer la tranquillité, on voyait ses traits se crisper, lorsqu'un peuple immense criait : *vive la république! à bas les tyrans ! périssent tous les scélérats!*

Arrivé aux portes du Palais-Royal, il promena ses regards sur la façade avec le calme apparent d'un homme qui cherche des

embellissemens ou des réparations à faire ;
il s'efforçait de paraître insensible aux ma-
lédictions dont le peuple se plaisait à l'acca-
bler. Il semblait, en regardant son ancienne
demeure, se rappeller les plaisirs qu'il y
avait goûtés plutôt que les complots qu'il y
avait ourdis. Sa contenance était affectée ;
tout le monde en fut frappé. On dit qu'il
avait puisé sa force dans le vin ; cette ver-
tion s'accorde avec l'autorisation qu'il avait
demandée *de faire un bon repas.* Jamais
homme ne parut plus convaincu du pro-
chain anéantissement de son être, et l'on
vit en frémissant combien le matérialisme
est propre à multiplier les crimes, par la
tranquillité qu'il donne aux criminels. Sa
tête tomba à cinq heures et demie du soir ;
le bourreau la montra au peuple. Le lendemain, Robespierre fit insérer l'article suivant dans *le Sans-Culotte Observateur ;* ce
fut sa seule oraison funèbre.

« Il y avait, disait-on, sur la montagne
» même un parti tout puissant, en faveur
» de ce ci-devant duc d'Orléans, qui avait
» osé prendre le saint nom d'*Egalité*, pour
» mieux s'élever au trône. Où était-il hier
» ce parti ? que fesaient ceux qui en étaient
» l'âme en secret ? comment ont-ils aban-
» donné ce monarque futur, ce dictateur,
» ce protecteur ; en un mot, ce tyran qui,
» sous quelque nom que ce soit, devait
» partager avec les prétendus meneurs de
» la Convention la puissance suprême ? la
» mort, une mort prompte et infamante
» bien méritée, a terminé le *libre* cours de
» la justice. Cette mort répond à tout.
» Elle absout Danton, Robespierre, et
» tous ceux que la calomnie désignait à
» l'opinion publique, comme secrets fau-
» teurs et complices de la soif ambitieuse de
» régner. On n'a entendu qu'un cri : vive
» la république. En passant près du palais

» qu'il avait souillé par ses intrigues, et
» dont il avait fait le *Pandemonium* de tous
» les vices, ses regards se sont arrêtés sur
» ces murs qui semblaient lui reprocher
» tous ses crimes. En montant sur l'échafaud,
» il ne s'est plaint d'aucun de ceux qu'on
» avait soupçonnés de l'y avoir conduit.
» Ce silence les a vengés, il a expié sous
» le poids ignomineux de l'indignation pu-
» blique, ses attentats personnels. *Voilà le*
» *couronnement qui lui était destiné ; après*
» *lui nous n'avons plus de Rois à craindre,*
» *la souveraineté du peuple est affermie par*
» *sa chûte, et notre immortelle constitution*
» *cimentée par son sang est inébranlable.*

» Philippe *Egalité* n'est plus !....

» *L'égalité*, qui appartient à tous les ci-
» toyens, ne doit être pour qui que ce soit
» un titre particulier. C'est *l'auguste* attribut
» de la nation tout entière. Ce n'était pas
» sans dessein que le plus scélérat des

» conspirateurs s'était attribué cette dé-
» nomination. Sa politique abominable a
» échoué contre la Montagne *sainte*, du
» sommet de laquelle il a cherché en
» vain à séduire les fidèles amis du peu-
» ple. Ils ont pénétré ses vues, déconcerté
» ses projets; ils se sont tous élevés con-
» tre lui, et il a été précipité du faîte
» de ses espérances dans les liens d'une ac-
» cusation que le tribunal révolutionnaire a
» suivie sans obstacle. La patrie satisfaite,
» n'a plus qu'a se réjouir du supplice de
» son plus dangereux ennemi. »

Ainsi périt, renié, trahi par ceux qu'il
avait eus à ses gages, celui qui avait dé-
chaîné contre son roi toutes les passions
du peuple. Ses courtisans le perdirent en
l'assurant qu'il était né pour usurper une
couronne; ils le flattaient. Il lui conseil-
lèrent des forfaits qu'il commit de mauvaise
grace; il ne l'épouvantaient pas, ils le gê-

naient ; il n'aima jamais que l'argent, qu'il receuillait sans délicatesse pour le dépenser sans discernement. Il était éminemment fait pour les jouissances viles, et nullement pour les conspirations ; la nature lui avait donné le goût des voluptés ignobles, on fut obligé de lui greffer l'autre. Si les événemens avaient suivi leur cours il n'aurait eu que la célébrité du vice, la révolution lui a valu **L'IMMORTALITÉ DU CRIME**.